Essência Humana

COORDENAÇÃO EDITORIAL
**Wilson Nascimento
e Marcia Marthas**

Essência
Humana
Um mergulho no ser

Literare Books
INTERNATIONAL
BRASIL · EUROPA · USA · JAPÃO

PRESIDENTE
Mauricio Sita

VICE-PRESIDENTE
Alessandra Ksenhuck

DIRETORA EXECUTIVA
Julyana Rosa

DIRETORA DE PROJETOS
Gleide Santos

RELACIONAMENTO COM O CLIENTE
Claudia Pires

EDITOR
Enrico Giglio de Oliveira

REVISOR
Sérgio Ricardo

CAPA
Paulo Gallian

DESIGNER EDITORIAL
Victor Prado

IMPRESSÃO
Impressul

Dados Internacionais de Catalogação na Publicação (CIP)
(eDOC BRASIL, Belo Horizonte/MG)

E78	Essência humana: um mergulho no ser / Coordenadores Wilson Nascimento, Marcia Marthas. – São Paulo, SP: Literare Books International, 2020. 176 p. : 14 x 21 cm Inclui bibliografia ISBN 978-65-5922-077-9 1. Autoconhecimento. 2. Emoções. 3. Conduta. I. Nascimento, Wilson. II. Marthas, Marcia. CDD 158.1

Elaborado por Maurício Amormino Júnior – CRB6/2422

LITERARE BOOKS INTERNATIONAL LTDA.
Rua Antônio Augusto Covello, 472
Vila Mariana — São Paulo, SP. CEP 01550-060
+55 11 2659-0968 | www.literarebooks.com.br
contato@literarebooks.com.br

SUMÁRIO

PREFÁCIO

Esta não é a primeira obra coordenada pelo professor Wilson a qual tenho o privilégio de acompanhar de perto, uma pessoa sempre dedicada a investigar o comportamento humano e pronto para colocar em prática as teorias estudadas. Sendo assim, não é de espantar que ele reúna pessoas também comprometidas com o estudo do comportamento humano nesta publicação.

No percurso desta leitura você vai compreender o que é mergulhar em si, sair da área rasa de conhecimento e ser confrontado com diversas perspectivas para o desenvolvimento. Seja a busca por desenvolver competências capazes de aprimorar suas habilidades profissionais ou compreender quais valores o movem, esta leitura o questionará sobre o seu real poder. Seja o poder que a mudança oferece, o poder da liderança, o poder da conexão, o poder da sua fé, o poder de ser quem você é.

Vivenciamos a cada dia mais a presença da tecnologia, o alcance dos serviços digitais na palma da mão, a qualquer e a todo momento, fatores que muito contribuem para o desenvolvimento de novos serviços e produtos, mas também capazes de aumentar a incidência de distúrbios de saúde mental, levando algumas pessoas a letargia e tristezas profundas. Soma-se a essa situação, uma crise de saúde mundial que nos leva a questionar o que é realmente importante, tornando atento aqueles que ainda não notavam o ser humano como real potência e seu poder transformador. Se você fez ou faz parte dos desatentos, presumo que este livro poderá ajudá-lo a compreender seu real papel e poder de transformação.

Acredito que esta obra é uma ferramenta importante para aqueles que desejam uma leitura instigante, recheada de conhecimento e experiência de pessoas multifacetadas, mas com o mesmo desejo de contribuição.

Com a certeza de que os estudos sobre o desenvolvimento humano não cessam, pois nosso desejo de contribuição e evolução deve ser ilimitado, desejo uma boa leitura e que seu mergulho seja profundo e valioso.

Marcia Marthas

1

VOCÊ PODE SER MELHOR, VOCÊ MERECE SER MELHOR! PERMITA-SE

Falarei um pouco de desenvolvimento humano e suas ferramentas. Cito três nas quais sou formado e tive o prazer de presenciar as mudanças nas pessoas que participaram do processo; ferramentas extraordinárias de ajuda, que melhoraram a minha vida e a de muitas pessoas e podem beneficiar sua vida também. Quero deixá-lo curioso, quero levá-lo a conhecer um pouco e ansiar por saber muito mais. Permita-se…

ALESSANDRO M. SOARES

Alessandro M. Soares

Administrador de empresas formado pela Universidade Paulista. *Professional coach* com reconhecimento da World Coaching Council pela EHumanas. *Master* em Desenvolvimento Humano pela EHumanas, Gestão de Emoções (Instituto IBC), Propósito e sentido da vida (Instituto IBC). Profissional Disruptivo pelo Instituto IBC. Inteligência Emocional – Instituto IBC. Empreendedor Inabalável – Instituto IBC. Hipnoterapeuta e PNL pelo Edmind.

Contatos
mottale@hotmail.com
11 99207-1128

Vou apresentar a você a importância do *coaching*, as possibilidades de mudanças com a PNL e a ajuda da hipnoterapia, ambas visando uma melhor qualidade de vida. Mensurarei os principais pontos de cada uma delas e o quanto, juntas, podem ajudar a melhorar sua vida e sua autoestima, trazendo sua melhor versão.

Quero que você leia a partir de agora com a seguinte palavra-chave em sua mente e isso fará toda a diferença na leitura: permita-se.

O *coaching*

Trata-se de uma ferramenta extraordinária e importante para o desenvolvimento profissional e pessoal com o autoconhecimento, potencializando você a alcançar seus resultados desejados. Ela ajuda com questões importantes e necessárias em sua vida, para atingir metas e sonhos, encaminhando você a seguir ao futuro desejado; sim, afinal quantos sonhos e metas foram deixados para trás durante sua vida, por não tentar, ou achar que não era capaz, ou por simplesmente viver com a ideia "deixa a vida me levar", como Zeca Pagodinho fala em sua música. E nessa ideia foi abraçando tudo o que aparecia em seu caminho, chegando onde você está hoje, o que te leva a perguntar: "o que fiz de errado para estar aqui?". Claro que pode ser que tenha dado certo em alguns pontos de sua vida, mas você é feliz do jeito que está agora? Será realmente assim que você imaginava que seria sua vida? Você tinha sonhos? Sabia o que realmente queria fazer? Seguiu essa linha ou deixou a vida te levar?

É essa a diferença e a importância da ferramenta *coaching* em nossa vida; ela te direciona, ajuda a enxergar seus pontos fortes e entender seus pontos fracos para corrigi-los. Imagine o quanto poderia ser diferente sua vida se tivesse tido acesso a essa ferramenta quando mais jovem, identificando o que realmente te dá prazer e se ocupando do que realmente gosta de fazer. A ferramenta faz isso, o *professional coach* será totalmente neutro, não dará opinião a respeito do que é certo ou errado, porém fará as perguntas que o levarão ao autoconhecimento, identificando seu caminho. Isso porque todas as respostas estão dentro de você, apenas vamos levá-lo a encontrar e, ao encontrar, você identificará o melhor caminho, possibilidades e realizações a serem feitas; entenderá que tudo depende de você e que isso terá um preço. A questão é: você estará disposto a pagar? Não falo de dinheiro; falo de tempo, dedicação, foco, querer, poder, permitir-se a tudo isso.

O *professional coach* trabalhará com ferramentas e questões, entre elas a da percepção, verificando suas possibilidades, mapeando as variáveis controláveis e incontroláveis para os momentos; ajudará você a definir seu objetivo, identificar evidências, tempo, estratégias e comprometimento, ter suas tomadas de decisão, perdas e ganhos. Olhará seu estado atual e seu estado desejado, identificando a diferença do que você tem a ganhar e a perder, fortalecendo mais o seu objetivo. Com a ferramenta *changing beliefs*, ajudará a identificar e reconhecer sua crença limitante a fim de mudá-la ou apagá-la. Criará uma rota de ação e fará uma imagem do futuro desejado, voltando até os dias atuais e verificando a forma como chegou lá. Identificação de valores, missão e propósito: seus valores determinam suas atitudes. A missão deve ser clara e específica ao seu propósito. Essas são algumas das várias ferramentas que serão usadas para fazer o *coachee* (você) alcançar seu potencial e seu objetivo e muito mais. Imagine o quão diferente poderá ser sua vida com todo esse conhecimento. Então te pergunto, quanto vale ter esse conhecimento? Quanto vale você passar por um *coach*? Você está esperando o quê?

A PNL

Programação Neurolinguística é o significado da sigla PNL. Vamos começar explicando um pouco a história dela. Trata-se de uma metodologia para programar ou reprogramar a mente a fim de alcançar a excelência. Richard Bandler, um dos grandes estudiosos e criador da técnica, procurou gerar uma nova metodologia para ajudar as pessoas com excelência e eficácia rápida. Começou então a estudar os melhores terapeutas, psicólogos, antropólogos e hipnólogos do mundo, todos os melhores em sua área de desenvolvimento humano, com as informações das metodologias terapêuticas utilizadas. Ele as remodelou para a PNL. Resumidamente, essa é a história da criação dessa incrível ferramenta que está sendo atualizada até hoje com novos estudos. Agora vamos falar um pouco do que ela é capaz.

Com a PNL, abordamos a influência da linguagem na programação mental junto com o restante das funções de nosso sistema nervoso, tornando-se uma ferramenta poderosa para manipular os processos mentais conscientes e inconscientes, criando ou modificando percepções; ajuda a compreender como as pessoas pensam, sentem e reagem.

Com isso, podemos trabalhar suas crenças, lembrando que crenças são julgamentos e avaliações sobre nós mesmos e sobre os outros. Trata-se de uma generalização dominante sobre casualidades, significado e o limite do mundo que o rodeia, sendo algumas delas negativas, que atrapalham sua vida e objetivos. Segundo Nelson Mandela, "não é o que nos acontece, mas o que fazemos com isso que faz a diferença", ou seja, será o ponto em que você dará mais ênfase que fará toda a diferença; com tudo criamos âncoras, gatilhos positivos ou negativos, consciente ou inconscientemente, e é nesse ponto que temos de mudar. Para isso, precisamos reconhecê-lo e desassociá-lo de uma dor intensa e associá-lo a um prazer enorme em adotar uma nova crença no lugar. Âncora e gatilho são determinados estímulos no auge de um estado emocional que se ligam poderosamente a um significado. Com a ferramenta da PNL, vamos entrar em seus repertórios de reações automáticas e descobrir quais delas funcionam melhor, suas melhores âncoras e seus gatilhos, aqueles que criam reações que funcionam para você, que o levam a ter sucesso em algo que você faz. Podemos alterar as ruins ou apagá-las e te ensinar a não trabalhar no automático, perceber e escolher a melhor decisão. Vamos "reprogramar" e identificar suas âncoras, estímulos de lembranças conscientes ou inconscientes, determinados por eventos que podem mudar o seu estado positivo para negativo. É uma associação que se cria entre os pensamentos, ideias, sensações ou um estado com determinado estímulo; pois lembre-se: vivemos em um mundo cheio de situações e estímulos. Sendo assim, nosso cérebro trabalha muito com respostas programadas automáticas, e as âncoras são algumas delas. Imagina você conseguindo identificá-las, corrigindo, apagando ou fazendo novas. A PNL faz isso.

A PNL melhora suas habilidades interpessoais, trabalha sua autoestima, ajuda a ser mais assertivo em sua comunicação, superar medos, fobias, melhora seus resultados, relacionamentos interpessoais, ou seja, ajudará você a ficar ainda melhor no que já faz bem.

O *coaching* de que falamos anteriormente foi criado na base da PNL. Podemos dizer que a ferramenta foi criada para ajudar você no presente a respeito do futuro. Ela não vai retroagir; é aí que a PNL entra, para corrigir, identificar e melhorar as suas âncoras e gatilhos, para gerir melhor seu futuro.

É uma ferramenta gigantesca e poderosa, que pode te ajudar de diversas maneiras, melhorar sua comunicação, persuasão, aprendizado e muito mais.

Entenda que é sobre o que você faz e não como você faz. Imagine isso e muito mais ajudando na sua vida, quantas coisas você poderia potencializar, quantas coisas você poderia reprogramar, mudar em sua vida; ela está disponível, é só querer, vamos?

Hipnoterapia

Vamos começar pela história. Foram encontrados indícios de que a hipnose existe desde 2000 a.C. em templos indianos, gregos e egípcios. No final do ano de 1700, Fransz Abtiob Mesmer usou o "magnetismo animal" para curar doenças. Em 1802 d.C., Abade Faria realizou a primeira indução instantânea. Em 1821, Recamier fez o primeiro uso registrado de hipnoanestesia, operando pacientes sob coma mesmérico. De 1847 a 1851 James Esdaile realizou 345 operações em hospitais em Calcutá, na Índia, e a única anestesia foi a hipnose. No ano de 1892, a Associação Médica Britânica aprovou por unanimidade o uso terapêutico da hipnose. Em 1958, a Associação Médica Norte-americana aprovou um relatório sobre o uso médico da hipnose. Esses foram alguns dos vários reconhecimentos da hipnose em nossas vidas. A terapia feita com a hipnose é simplesmente fantástica, tão extraordinária que fez parte de estudo para a criação da PNL. Sou apaixonado por essa forma de terapia. Vou citar algumas das diversas possibilidades com que ela pode ajudar na qualidade de vida. Sim, é isso mesmo que você leu, na sua qualidade de vida, pois existem diversos traumas mentais, emocionais e comportamentais que nos atrapalham, que nos fazem infelizes. Muitas vezes nem sabemos que temos ou por que temos esses traumas, e a hipnoterapia ajuda a corrigir isso. Então você faz a pergunta: "O que é hipnose?". Todos nós passamos boa parte do tempo hipnotizados durante o dia; é um estado natural de nossa mente, que pode ser alcançado de forma natural. Como exemplo bem simples, quando assistimos a um filme e sentimos raiva, medo, compaixão ou tristeza, isso é hipnose: você está tão conectado com o filme e suas imagens que sua mente não diferencia a ficção da realidade, trazendo para você todos esses sentimentos. No entanto, a hipnose também pode ser induzida por um hipnólogo para tratamentos terapêuticos.

O hipnólogo, por meio de uma sessão de relaxamento, leva a pessoa a entrar em estado de transe para acessar o seu subconsciente, mas por que o subconsciente? Porque é lá que ficam todas as memórias definitivas, emoções, hábitos, autopreservação e tudo o que você faz sem pensar, no automático, como quando dirigimos um carro. Você entra, liga, coloca o pé no freio, solta o freio de mão, olha o retrovisor interno, o externo, liga a seta, coloca um pé na embreagem, engata a marcha, tira o outro do freio, coloca no acelerador, sai e começa a dirigir; mas espera, todos esses passos foram pensados ou uma boa parte foi no automático? Sim, uma boa parte foi no automático, por meio do seu subconsciente, e uma pequena parte foi consciente, pois o consciente cuida da racionalização, da análise, da memória funcional e da força de vontade, e isso gasta muita energia. O nosso cérebro tende a gastar menos energia possível, para isso vai trabalhar o mínimo possível de forma consciente. A maior parte será subconsciente, pois tudo o que você faz no automático fica na parte subconsciente do cérebro. Podemos dizer, portanto, que você está hipnotizado quando faz no "automático". Na hipnose é esse ponto que trabalhamos, pois é o automático que pode tanto trazer algo bom quanto algo ruim, sem nem sequer você perceber ou entender o porquê. Vamos mostrar exemplos.

O medo ou fobia é uma sensação que, muitas vezes, a pessoa não sabe explicar. Por exemplo, uma mulher adulta que tem medo de gatos, um ser pequeno e frágil, que não tem nada que possa levar o indivíduo à morte, e mesmo assim essa mulher independente, extraordinária em seu trabalho e vida pessoal e decidida tem um medo incontrolável de gatos. Basta aparecer um na esquina e pronto, o medo a bloqueia, não a deixa sair da porta, pois no subconsciente há algo que mostra a ela o contrário do gatinho que vemos e traz um medo imensurável e incontrolável. Com sessões de hipnose isso pode ser mudado, identificando o ponto negativo e ressignificando o medo. Isso serve para quaisquer tipos de medo, como de dirigir, de pessoas, de baratas, de altura, de avião, todos podem e devem ser ressignificados; não faz sentido continuar com algo que atrapalhe sua vida.

A ansiedade é um dos principais causadores de insônia, perda de foco, preocupações e cansaço excessivos, sensação de fraqueza, respiração ofegante, falta de ar, irritabilidade, nervosismo e muitos outros sintomas. Segundo a OMS (Organização Mundial da Saúde), o Brasil é o país com o maior número de pessoas ansiosas no mundo. A hipnoterapia pode identificar a chave, razão e sentido de sua ansiedade.

Vícios, timidez, gagueira, depressão, alergias de origem emocional, estresse, disfunção sexual, emagrecimento e muitos outros; com a hipnose pode-se tratar todos e quaisquer problemas relacionados com origem emocional. Quando se trata de origem fisiológica, ela também é muito eficaz, porém com apoio de um médico especialista.

Isso é um resumo do que se trata a hipnoterapia e do quanto ela pode ajudar as pessoas. Ela está à disposição; faça uma sessão e você irá se surpreender...

Conclusão

Aqui estão bem resumidas três formas de desenvolvimento humano que trabalham muito bem juntas. Espero ter deixado você curioso, que procure saber mais, seja por meio das mídias ou com um especialista. Entenda que o intuito é mostrar caminhos que possam te ajudar no seu dia a dia, seja para desenvolvimento pessoal, profissional, tratamento terapêutico ou para a realização de um objetivo. Você pode ser melhor, você merece ser melhor! Permita-se!

Referências

LEE, P. *Descubra o poder de sua mente*. São Paulo: Editora Planeta do Brasil, 2018.

NASCIMENTO, W. Caderno de fundamentos. *Apostila da formação professional coach*. Suzano, 2019.

SILVA, W. *Apostila de formação PNL*. Suzano, 2019.

SILVA, W. *Apostila de formação em hipnoterapia*. Suzano, 2019.

2

AUTOCONHECIMENTO É O PRIMEIRO CUIDADO

O que vão pensar? Tenho que ser aceito! Não posso falhar! Essas frases já passaram por seus pensamentos? A obrigatoriedade de manter o perfil que a sociedade pede é um custo muito alto. Fazer o que é necessário para ser feliz também tem seu preço. Compartilharei aqui cada etapa para meu desenvolvimento, pois todos estamos em busca da felicidade, mas algumas ações nos afastam desse propósito.

ANDREIA LOURENÇO

Graduada em Administração de Empresas, especializada em Liderança e Gestão de Pessoas. *Coach* Empresarial com foco em processos e finanças e *Master* em Desenvolvimento Humano.

Andreia Lourenço

Contatos
lourenco-andreia@hotmail.com
Facebook: andreia.lourenco.543
Instagram: @andreia_lourenc0
11 99777-1018

Na casa de ferreiro, o espeto é de pau, tenho certeza de que nesse ditado popular todos devem se encaixar. Conseguimos aplicar e dar total atenção em todo o nosso conhecimento para um terceiro, sendo ele amigo, trabalho, família, mas quando é um resultado para nós, postergamos, parecemos ter dificuldade de aceitar que merecemos ser felizes.

Durante minhas participações já na pós-graduação, observava os professores aplicarem ferramentas que aprendi na faculdade, porém utilizava como exemplo situações da nossa vida pessoal. Que susto, admirada, nunca pensei nessa possibilidade. Lembro que estava sendo realizada a análise do SWOT, ferramenta da administração com a qual aproveitamos para avaliar as forças, fraquezas, oportunidades e ameaças dentro de uma empresa. Na época, o professor estava utilizando como exemplo o relacionamento, então pensei: Olha a quantidade de ferramentas que conheço e não emprego na minha própria vida. Implanto com tanta certeza e foco dentro de empresas em que presto serviço e tenho total convicção de um resultado satisfatório, o qual serve também para tomada de decisão.

Outra frase que escutava muito na sala de aula era "Saiam da zona de conforto, vocês vão ver as maravilhas que o universo trará!".

Durante a formação do curso de Professional Coach, que maravilha: o universo já vinha me mostrando os sinais de que tinha que agir. Sentia-me sufocada com a vida que levava, porém não realizava os movimentos para sair daquela vida que não me satisfazia mais. Com esse conhecimento, não havia possibilidade de não me abrir para o novo, arriscar, viver intensamente e tomar as decisões necessárias para as mudanças, cuidar do meu emocional, ajustar as ideias e colocar as ações em prática. Que deslumbrante! Lógico que tive que contar com o investimento em terapia, hipnose e meditação para ancorar essa força e o sucesso.

A necessidade de organizar as ideias e o emocional era grande, pois as oscilações dos sentimentos tomavam conta devido a ter muitos pilares a serem trabalhados.

A sensação "eu posso, eu consigo" tomou conta de mim, mas eu estava realmente preparada para assumir as consequências dessas mudanças? Estava disposta a pagar o preço por essas mudanças?

Iniciei buscando auxílio através da terapia analítica, um modo de olhar para o que não olhamos, o eu interior, o que realmente queremos e o que somos, um grande investimento ao meu cuidado.

Uma das minhas primeiras descobertas foi recordar já na infância idealizada a vida profissional na fase adulta. Lembro de que estava com cinco anos e observava as pessoas descendo do ônibus retornando do trabalho no início da noite, e ali ficava fantasiando essa vida com muito entusiasmo. Ao assistir novelas, hábito que havia em minha casa, eu observava as secretárias, que além do profissionalismo, também traziam uma sensualidade e beleza, porém esses dois últimos quesitos eram bloqueados, pois a crença sobre isso atingia o pecado e a vaidade.

Aos 14 anos já estava trabalhando, porém não tinha salário. Tinha em mente sobre o aprendizado e início de um ciclo novo. Lembro-me do sorriso de minha mãe com alegria, demonstrando orgulho, item importante para quem tem uma família enorme, competindo espaço com mais 7 irmãos. Sempre me senti a filha mais amada, o que gerava grandes conflitos entre nós irmãos, pois a atenção dos genitores era o troféu.

Casar aos 18 anos foi outro grande orgulho aos meus pais. Casei com um rapaz que na época estava com 30 anos de idade, pelo qual fui muito apaixonada e admirava a maturidade e conhecimento que trazia.

Esse matrimônio durou por 20 anos, resultando em duas lindas filhas, porém sua essência e compatibilidade já havia encerrado anos antes.

A tradição do "para sempre" era uma barreira. A necessidade de agradar os olhos da sociedade ocasionava realizar várias tentativas sem sucesso, pois o foco não era ser feliz na convivência e sim a preocupação do julgamento do outro.

Recordo de compartilhar com um membro da família sobre a infelicidade da vida, da sobrecarga que sentia, porém a frase que ouvi foi: "Você não acha que suas filhas merecem esse seu sacrifício?" Fiquei pensando sobre os valores que estaria transmitindo a elas, mantendo aquela vida e comentários de minha mãe dizendo que como mulheres devemos aceitar qualquer situação para manter o casamento, exceto agressão física, e pensava: "tenho que mostrar que devemos ser felizes".

Em meio às dúvidas de meu casamento, realizei uma ferramenta do *coaching* chamada roda da vida. Foi um grande choque. Visualizei que somente predominava a personagem da profissional, assim confirmando durante a terapia, quando me identificava como a deusa Atena, da mitologia grega, a estrategista, mas e aí? Como desenvolver os outros personagens? Por várias vezes ouvi minhas filhas dizendo que falava com elas igual falava com os funcionários do meu trabalho, e recordando também no ambiente profissional durante reuniões, comparava os colaboradores com filhos. Algo precisava ser feito, o lado mulher, mãe, filha, irmã, amiga precisava também ser vivido, também a necessidade ser cuidada.

Quando realizei a formação Master em Desenvolvimento Humano, o tema foi fragilidade, bem irônico para uma pessoa que sempre foi classificada como forte para as pessoas, mas me permiti. Um lugar em que eu poderia me entregar inteiramente era ali. A dificuldade de chorar foi se quebrando, mesmo ouvindo que me dariam uma chupeta, brincadeira utilizada pelo mestre Wilson – coordenador editorial deste livro, quando demonstramos nosso lado de vitimismo.

Durante essa aprendizagem, houve a oportunidade de conhecer um pouco sobre constelação familiar, e consegui identificar várias falhas no processo de minha vida, aprendendo a importância de cada membro da família em seu devido lugar. Uma ferramenta muito útil, que foi ministrada por um grande mestre sobre o assunto.

A necessidade de cuidar de tudo, estar à frente, ter conhecimento, tomava espaço de outras pessoas, que ao meu ver utilizavam em favor próprio e acomodando-os ainda mais.

No início isso trazia uma emoção de prazer e realização, sentir-se importante, porém com o passar do tempo se tornou um grande peso e, pior ainda, a necessidade de nunca desapontar as pessoas que criavam grandes expectativas em minhas ações para grandes resultados.

Ao fazer uma autoavaliação, notei que minha mente estava sempre ocupada em projetos para terceiros. Recordei de um momento em minha vida em que me sentia sufocada, sobrecarregada; senti a necessidade de pegar a estrada e ficar observando as lindas paisagens, situação que me trazia para o presente e uma paz tomava meu coração.

Em um sábado, acordei com uma grande vontade de ir a Paraty/RJ, porém estávamos sem dinheiro para realizar um passeio legal. Idealizava transitar por Cunha/SP, divisa de São Paulo com Rio de Janeiro, lindo lugar. Observar as cachoeiras, o ar, que gratidão pela aquela sensação, meu ex-marido e filhas disseram não curtir um passeio assim, queriam uma viagem completa.

O momento financeiro que vivíamos não permitia uma viagem longa, podíamos realizar o conhecido "bate e volta". Eu iria realizar essa vontade independentemente da companhia; sendo assim, liguei para o meu pai, que de modo muito espontâneo me indicou o local em que estava, que era um mercado, para que pudesse ir buscá-lo. Sem colocar qualquer empecilho, pegou apenas sua carteira, bermuda e uma toalha.

Observei naquele momento que realmente precisamos de muito pouco. Paramos diversas vezes durante a viagem, algumas vezes para tomar um café, também almoçar e para contemplar a natureza, sentir o vento no rosto, sentir o cheiro do mato. Quando chegamos em nosso destino, estava uma chuva intensa e já eram 18 horas. Visitamos alguns locais do comércio no centro histórico e voltamos, mas o caminho foi muito maravilhoso.

Rimos, conversamos. Minha mãe, que também nos acompanhou, observava nossas conversas com admiração e algumas risadas. Refletindo sobre isso, acredito que o mais importante da vida é como se vive e não onde chegamos. Temos que fazer nossa história, viver intensamente cada momento e identificar o estágio em que estamos para assim decidir o que e como fazer.

É certo que nesse mundo moderno a mulher sempre ocupa mais espaço, mas o preço por esse reconhecimento está sendo esquecer o nosso lado feminino, item que me foi apontado como oculto durante a terapia. Fui buscar apoio participando do sagrado feminino, que podemos dizer que é uma filosofia ou um modo diferente de se ver, buscando uma conexão com as outras mulheres, refletindo sobre o ensinamento a respeito dos aspectos físicos, mentais e a espiritualidade.

Essa filosofia nos possibilita dar maior atenção ao nosso corpo, juntamente com os ciclos, temperamento e a capacidade de criação ou acolhimento, sendo na gestação, adoção e na força da mulher. Veja que interessante: um grupo de mulheres umas ajudando as outras, quebrando o paradigma da competição, vendo a outra como uma mulher sagrada.

Quando estamos abertos para o novo, o universo conspira a nosso favor. O yoga foi outro grande trunfo em meu processo de desenvolvimento; primeiro quebrar o paradigma de algo parado, esvaziar a mente e focar na respiração e na sensação do presente traz diversos benefícios para a saúde, tanto de mulheres quanto de homens, porque trabalha o corpo e a mente de forma interligada, com exercícios que auxiliam no controle do estresse, ansiedade, dores no corpo e na coluna, além de melhorar o equilíbrio.

A conspiração do universo é tão mágica que às vezes sinto que o coordenador editorial deste livro, o professor Wilson, a Xamã Marcia, o professor de yoga e minha terapeuta Joanita Ferreira se reúnem para falar sobre minha pessoa, pois os assuntos sempre se complementam e me atingem de uma maneira tão extraordinária que me espanta; eles nem ao menos se conhecem. Olha o modo de se sentir especial!

A maternidade é outro item que deixou de ser um grande peso. O autojulgamento do acerto e erro me machucavam muito, principalmente no conceito na fala da minha filha Isabella, quando aponta a diferença com a irmã caçula, Lívia; ambas são totalmente diferentes e assim devem ser tratadas e trabalhadas, dentro de seu perfil. É preciso aceitar que não existe uma preparação para a maternidade, e então arriscar com cautela. Os erros não podemos levar a sentir a culpa, tudo serve como aprendizado.

Lívia, quando estava com cinco anos, passou por um procedimento cirúrgico, apendicectmia. Na época não tive ação. Fiquei o tempo todo com ela, mas somente chorava. Tinha certeza de que ela iria a óbito, mesmo tendo trabalhado por muitos anos na área hospitalar, em que presenciava situações como essa por diversas vezes, na vivência de pacientes e familiares. Mas passar por essa experiência foi um grande peso, o medo e a culpa faziam ocupar todo o espaço da emoção naquele momento.

Após 10 anos, novamente passei pela mesma situação. Ela passou por outro procedimento cirúrgico no intestino, situação bem mais grave que a anterior, mas dessa vez me mantive racional, interferindo o tempo todo em busca de agilidade do atendimento para fechar o diagnóstico, sentindo-me totalmente segura da situação, sabendo que estava fazendo o meu melhor como mãe.

Ela ficou hospitalizada por uma semana e eu como sua acompanhante. Sua recuperação foi espetacular. Acredito que além do atendimento humanizado fornecido pela Santa Casa do município, os profissionais envolvidos estavam dando o seu melhor. O ambiente estava tão bom que nem nos dávamos conta sobre as instalações precárias do local. Deslumbrava-me com o atendimento. O humanismo faz a grande diferença. Era possível notar a sensação do profissional que sai de sua casa já com as atribuições na cabeça e essa pessoa sabe que ela pode fazer o seu melhor.

Com todas as mudanças, uma coisa que normalmente não nos atentamos, mas ocorre, é a mudança do ciclo de amizades. Muitos se encerram e criam-se outros. Muita coisa deixa de fazer sentido, porém, novos caminhos já foram traçados sem nem mesmo percebermos. Temos total consciência de que foram ciclos que se encerraram. Acolhemos com total gratidão pelo período de aprendizado e vivência e damos continuidade ao novo, amizades novas.

Acredito que o grande presente que conquistei com todo o aprendizado foi seguir a vida, viver da melhor maneira, mas sem nenhum peso, pois, o que me propus a realizar, fiz o meu melhor e com muita gratificação.

Gratidão a todos que participaram dessa grande folia e vamos rumo ao novo. Topa?

3

A MULHER QUE IGNOROU OS EFEITOS DA PARALISIA CEREBRAL, TORNANDO-SE ATLETA E ADVOGADA

A limitação do ser humano reside no próprio olhar limitado. No entanto, quando a maneira de olhar ao redor é abrangente, acaba permitindo pequenas ações e, mesmo diante das diferenças, passamos a encontrar igualdade, pois o que faz do mundo um lugar extraordinário é semear o bem, sem ver a quem.

BRUNA SATIE

Sou atleta de Bocha adaptada. Formada em Direito. Única filha com paralisia cerebral. *Master coach* em desenvolvimento humano pela EHumanas.

Bruna Satie

Contatos
izabel.ll@hotmail.com
Twitter: @bruninhayy
Facebook: Bruna Satie Yamazaki
Instagram: @brunasatieyamazaki / @paraserfelizsemlimites
11 992758403

Proponho que pense nas barreiras que imagina ter em sua vida. Reflita bem e leia o artigo com essa resposta circulando pela mente... É uma vitória ter a chance de compartilhar a minha história, as tantas vivências de esforço, superação e aprendizagem.

Enquanto escrevo esse texto, tenho 28 anos. A minha história de vida teve início no verão de 1991.

O médico pediu para a minha mãe fazer força. Começava o que se conhece por "erro médico". No exato momento em que eu ia nascer, a perna da minha mãe caiu, ocasionando falta de oxigênio no cérebro (paralisia cerebral). Nasci por indução de fórceps, uma notícia inesperada para os meus pais.

Enfrentava ali as primeiras batalhas para sobreviver. Foram longos dezoito dias na incubadora e mais cinco dias na UTI, tempo necessário para curar também as feridas de meu rosto.

Finalmente, chegou a hora de conhecer o meu primeiro lar, de ter a sensação plena de liberdade, do primeiro contato com os meus pais, com quem pude sentir-me protegida e muito amada.

Aos poucos, tentava me comunicar e não tinha sucesso, fato que no futuro me deixaria muito chateada, pois o pensamento estava bem ativo, o sistema cognitivo conservado e ainda não conseguia ter a fala.

Mas quem disse que o ser humano não é extraordinário? E como tal, sempre percebe um novo jeito de ser entendido. No meu caso, essa resposta positiva aconteceu por meio do olhar. Fiquei maravilhada, explodindo de alegria, feliz como a boneca de pano Emília, do Monteiro Lobato.

No fundo da alma e do espírito, sabia que nesta Terra minha missão é ajudar as pessoas, seja como amiga, boa ouvinte, filha, sobrinha, neta, enfim.

Formei-me em Direito e segui a trilha transformadora do esporte. Sou advogada e atleta de bocha adaptada na categoria BC3 – que necessita de auxílio de uma calheira e, no caso, é a minha mãe.

Ainda bem que o meu pai, Clóvis, homem muito sábio, teve a atitude de sempre acreditar que eu precisava ganhar o máximo de conhecimento para enfrentar o mundo.

Após alguns meses escutando de vários médicos que o meu caso era "só rezar", minha mãe sabiamente respondeu a um deles.

– Eu confio em Deus.

Um médico fisiatra indicou a AACD, onde foi confirmado o diagnóstico de paralisia cerebral com anoxia grave. Na biblioteca da entidade, minha mãe descobriu um artigo que trazia logo na capa a informação "paralisia cerebral é grave".

– Parecia que tudo desabava, como um balde de água fria.

Foram essas as palavras da minha mãe Izabel. Sem desistir, eles sempre pensaram que estavam no local certo. Acredito que durante a jornada da vida somos mesmo guiados por Deus, ou por aquilo em que acreditamos de verdade. No primeiro dia de tratamento, Beth, funcionária da AACD, disse algo inesquecível para minha mãe.

– Oi, você é nova aqui?

– Sou. A minha filha tem paralisia cerebral.

– E eu, que tenho três filhos com paralisia cerebral?

Depois dessas palavras, dona Izabel começou a pensar diferente.

"Eu não tenho problema de jeito nenhum porque se ela é mãe de três e está sempre sorrindo, vamos lutar pela minha filha Bruna."

Assim começou a reabilitação motora e verbal, com terapias ocupacionais, fisioterapia, fonologia e equoterapia, sendo que esta última facilitava ganhar mais equilíbrio no caminhar, principalmente na postura, pois o andar do cavalo é semelhante ao andar de um ser humano.

A cada dia, surgia mais curiosidade para explorar o mundo a partir da educação primária, vivendo uma imaginação forte e fértil em tudo, pois o jeito era vivenciar em pensamento aquilo que não poderia fazer na prática.

A descoberta das letras foi um marco. Fazia um baita esforço mental para poder falar. Com as letras, pensava "que alívio, agora posso descansar um pouco a minha voz".

Alguns anos depois, a vida trouxe o desafio de completar o primeiro ciclo escolar, a chamada quarta série. Foi nesse período que surgiu o sonho de ser juíza de Direito, observando a querida professora Maria Tereza, que sempre me motivou.

Estava com vontade de aprender a digitar, mas os movimentos involuntários eram uma barreira natural. Ocorre que a mente realmente é extraordinária e sempre encontra um novo modo de funcionar. Achei um comando que substituiu os dez dedos, conectando as duas mãos ao dedo da mão direita, o famoso "catar milho" no teclado.

Meu pai, eterno e fiel amigo, foi protagonista desse início. No primeiro dia ele me deixou diante daquele PC enorme e, para me ajudar, fazia um barulho e me propôs um desafio: copiar uma reportagem dentro de alguns dias. Sete dias se foram e para minha surpresa não consegui copiar a tal reportagem inteira, mas dei conta de copiar uma linha.

Aquilo que para a maioria das pessoas seria uma tarefa incompleta, para mim significou perseverança, força de vontade para digitar algo e poder comunicar-me com o mundo, liberdade de expressão, ou seja, o fragmento de uma vitória que seria para a vida inteira.

Aos seis anos, por meio de amigos, comecei a praticar a bocha adaptada. A princípio, apenas para fazer social, com bolinhas para fins terapêuticos.

Treinava com empenho e foco. Foi assim que comecei as primeiras participações em campeonatos na categoria BC3.

A primeira competição da modalidade bocha paralímpica aconteceu em Agudos. Foram muitos quilômetros de estrada e chegamos exaustos. Acordei minutos antes do jogo, que trouxe uma vitória importante para que prosseguisse no campeonato, até alcançar a grande final, na qual fiquei com a primeira medalha de prata.

O comprometimento da calheira, minha amada mãe, faz toda a diferença. Como não consigo jogar as bolas com a mão, tenho de utilizar um equipamento denominado calha, ao meu comando e com o auxílio da calheira. Cada jogada requer total sintonia para o êxito em apenas um minuto, do total de seis minutos para cada set (ao todo são quatro sets). Essa paixão pelo esporte cresceu em paralelo, sem esquecer ou abandonar os estudos.

Aos dez anos, tive a missão de renovar a minha identidade como pessoa natural (expressão usada pela lei, que faculta a pessoa 100% capacitada). Estava na fila para coletar a assinatura. Seria rápido, um procedimento normal, porém estava começando a escrever com a letra de forma, o que para mim era natural, mas para as atendentes parecia algo de outro mundo, e argumentaram com a minha mãe.

– Ela não pode escrever com letra de forma. Só a letra cursiva é aceitável.

– Onde está escrito isso na constituição?

Diante da argumentação firme de minha mãe, até que tentaram se defender.

– É o regimento interno desse estabelecimento. Já que não assina desse jeito, podemos registrar que ela é analfabeta.

Minha mãe pediu para chamar a líder e insistiu que eu tivesse a chance de realizar o procedimento. Foi uma grata surpresa, pois a supervisora mostrou-se gentil e compreensiva, aprovando a assinatura em letra de forma. De lá, saí com a carteira de identidade na mão e no dia marcado, comecei a gritar bem alto, com a identidade em mãos:

– Agora sou uma cidadã brasileiraaaaaaaa.

Aos dez anos, sabia o quão importante esse documento é para a pessoa natural.

Como se pode perceber, foram muitas aventuras para ter o direito de aproveitar ao máximo minha merecida cidadania. Certa vez, por exemplo, durante o curso colegial, o professor de filosofia Rogério Bezerra solicitou que a turma fizesse um trabalho ilustrativo (um cartaz) que contasse uma história com princípio, meio e fim; e marcou uma data de entrega.

Coloquei a criatividade para funcionar, para representar a história da vida e da morte de maneira bem lúdica, por meio da colagem de imagens realistas. Treinei mentalmente a narrativa e, na véspera do grande dia da entrega desse trabalho, que valia de 0 a 10, sentia-me pronta. Sem dúvida, na vida sempre somos desafiados a testar nossa fibra e essa era uma boa oportunidade.

Naquela manhã, saltei da cama muito animada para escutar e entender os trabalhos. Recordo-me de que toda a classe estava sentada em linha reta. Bem na minha vez de apresentar, o professor me pulou. Minha reação foi tão imediata e inusitada que até ele ficou espantado.

– Posso apresentar o meu trabalho?

– Pode, você tem dez minutos para se apresentar, OK?

Comecei a apresentar o trabalho tal qual a proposta, com início, meio e fim. Com a mudança no tom da voz e no sentimento, de repente percebi que todos os meus amigos, inclusive o sensei, estavam emocionados. Para a minha grata surpresa, o professor fez uma pergunta aberta à sala.

– Pessoal, qual é a nota que ela merece?

Foi um momento sublime que compensou os esforços. Todos ficaram em pé, me aplaudiram e acabei por receber a nota dez.

Depois, ao conversar com o professor, descobri que a tentativa de pular minha vez se explicava pelo desejo de me proteger do receio e do preconceito. Surgiu uma grande amizade e um dia fui reconhecida com um presente valioso, um livro do professor de filosofia. São momentos assim que fazem os dias simples se tornarem inesquecíveis.

Do segundo ao terceiro colegial, a vida me convidava a crescer. Chegava a hora de tornar-me mulher de verdade. Aos 17 anos, era uma flor quase a abrir as pétalas. Justamente nessa época, recebi a notícia inesperada de que o meu pai estava com câncer. Pensei imediatamente:

- Por que comigo, Deus?

Foram exatamente 40 dias até a passagem dele para o céu.

A última noite em que ele esteve no leito do hospital resultou na mais longa e triste madrugada. Prometi ao meu pai e a Deus que honraria a missão de ajudar as pessoas ao redor. E fiz um pedido, para que aparecesse a mim, em sonhos. Foi aí que escutei:

– O papai não vai aguentar muito tempo na Terra, então você deve cuidar bem da sua mãe!

A saudade só aumenta; descobri que o tempo é o único recurso dotado da força necessária para amenizar a dor da perda.

No caminho de tornar-me atleta profissional de bocha adaptada, carreguei o mesmo sonho dos atletas de qualquer esporte: representar o meu país.

Eu ficava pensando qual seria a sensação de fazer o que amo, conhecendo novas culturas e defendendo minha bandeira.

Até que a grande oportunidade chegou, por meio de um telefonema, quando recebi a notícia tão aguardada; a convocação para a Seleção Brasileira de Bocha. Competiria em Portugal, dos dias 5 a 11 de junho de 2012, data que nunca esquecerei.

A primeira viagem-teste para a vaga possibilitou um olhar mais amplo para fora do umbigo. Comecei a valorizar os pequenos acontecimentos de felicidade e, principalmente, o verdadeiro sentido da palavra saudade, pois era a primeira vez que ficaria tão longe da mãe; sete dias de pura emoção dentro e fora da grande quadra, com a responsabilidade de colocar em prática tudo o havia treinado.

Quando a atleta fica longe do território de origem, descobri, é que começa a perceber os pequenos detalhes nas jogadas, a aprender como lidar com os sentimentos dentro e fora de quadra, como cidadã brasileira.

De volta ao Brasil, notei a importância de ser atleta de alto rendimento. Isso me possibilitou descobrir que existem seres humanos tão especiais que, pelas próprias circunstâncias da vida, estabelecem contato conosco de alguma forma, e no tempo certo de Deus.

Acontecimentos abençoam a nossa vida a partir de um sorriso, um olhar, uma ação. Posso até dizer que provocam milagres, ou melhor, mudanças no interior de uma pessoa, desde que exista sinceridade diante de sua missão. Portanto, acredite em si e duvide de quem não acreditar em você. Siga assim e a vida fará o restante para retribuir, como aconteceu comigo.

Por último, quero quebrar o protocolo e fazer algo especial, honrar alguns seres que fizeram a diferença e deixo essa dica, no sentido de que você aprenda a valorizar as pessoas que alteraram positivamente o curso de sua vida.

Agradeço a Deus, à minha amada mãe Izabel, a melhor amiga que sempre me entende com um só olhar. Sei que todo o incentivo de vitória em minha vida vem da força dessa gigante mulher.

In memoriam, meu pai, Clóvis, grande e fiel amigo de todas as horas, que me ensinou a ser feliz naquilo que se faz e acredita; valores presentes em minha trajetória vencedora, creditados por alguém que todos os dias está em meus pensamentos. Sou grata a Deus pela oportunidade de tê-lo como pai. Com orgulho, digo a todos que foram 17 anos de convivência diária sem jamais brigarmos. A saudade de você só aumenta, e sei que estará em nossos corações sempre. Estou muito emocionada, meu pai, pois sei que ao escrever este pequeno capítulo da vida real, cumpro uma promessa que fiz a você.

Com grande honra, professor Wilson Nascimento, minha eterna gratidão. Dizem que as pessoas são de carne e osso. Tenho certeza de que alguns são seres humanos iluminados, escolhidos por Deus para que a nossa jornada da vida seja mais bem experimentada, com pensamentos positivos e ações voltadas a amar o próximo, à igualdade e humildade de saber que estamos em constante aprendizagem. Por tudo isso, obrigada pelos seus ensinamentos, que conquistei com o certificado de *coach*.

Wellington Martins, expresso minha admiração e meu carinho por sempre me apoiar em tudo. Obrigada por dar-me a oportunidade de ter conhecido você um pouco mais profundamente, como *coachee*. Nossa conexão é muito forte, e sei que a palavra confiança está relacionada a saber que, acima de tudo, temos a palavra um com o outro, que não mudará com o passar do tempo.

Agradeço, enfim, a você que aceitou me conhecer, que se propôs a ler as conquistas e as superações, a conhecer a gratidão que mora em meu coração. Muito obrigada!

4

SUA IMAGEM E SUAS RELAÇÕES, ELAS VIVEM JUNTAS?

Quantos de nós já não pensamos na íntima relação que existe entre se "vender" e ser pretensioso, ou até mesmo soar arrogante? E por quanto tempo acreditamos nessa relação nada consistente? Neste capítulo, venho desmistificar a equivocada relação ou similaridade, nada verdadeira, do marketing pessoal com a vaidade do ego, pura e desnecessária. Entenda que se vender pode ser, e é, sensacional!

CARLA NIEMEYER

Carla Niemeyer

Olá, eu sou Carla Niemeyer, mulher, mãe, dona de casa, empresária do ramo de treinamento, *coach, master coach* em desenvolvimento humano, *trainer* e palestrante. Quando decidi trabalhar para pessoas, decidi, principalmente, trabalhar *com* elas. Acredito que uma palavra bem dita pode mudar um destino. Acredito que um bom chuveiro misturado a boas lágrimas alivia a alma. Acredito que mau humor é estado de espírito e bom humor, escolha! Acredito no poder da intensidade e da energia. Acredito na entrega, no comprometimento e na responsabilidade que temos na constante construção de nós mesmos e na ajuda na construção do outro. Acredito na vida como ela é. Acredito que se não fossem os "nãos" que ela me deu, eu não daria tanto valor aos "sims". Acredito que milagres acontecem primeiro dentro de nós e acordar é o primeiro deles. Vivo de propósitos e tenho uma missão que levo muito a sério, de ser uma agente transformadora na vida de quem cruzar o meu caminho. Vamos juntos?

Contatos
niemeyercarla@hotmail.com
Instagram: @carlaniemeyer.trainer
LinkedIn: carlaniemeyer
11 95446-9654

Ao longo da história do marketing, surgiram inúmeras definições de diferentes estudiosos, que desnudam o tema em busca de ressignificações e melhor entendimento, o que torna a sua abordagem uma tarefa desafiadora. Mesmo assim, é possível observar nesse campo de estudo uma grande diversidade de interpretações, aceitáveis ou não, conservadoras ou radicais.

Partindo do essencial para a apresentação do tema, Kotler (2000) traz a sua visão:

> Marketing é um processo social por meio do qual pessoas e grupos de pessoas obtêm aquilo de que necessitam e o que desejam com a criação, oferta e livre negociação de produtos e serviços de valor com outros. (KOTLER, 2000, p. 23)

O entendimento de alguns conceitos que servirão de base para conhecimento acerca do Marketing Pessoal e suas influências se faz necessário para a perfeita compreensão do assunto.

Muitos se perguntam o porquê de algumas pessoas se destacarem e atingirem o topo do sucesso, enquanto inúmeras outras compõem um grande conjunto de indivíduos medianos, mesmo os que têm capacidade para realizar um excelente trabalho. É fato que as pessoas de sucesso – seja em qual esfera for – são "diferentes" das demais. Elas pensam de forma diferente. Agem de forma diferente. E veem a vida de modo diferente, o que nos leva a questionar a razão de as características a seguir serem comumente encontradas nesse tipo de pessoa:

- São mais positivas.
- Acreditam em si próprias.
- Conseguem enxergar oportunidades nas crises.
- Participam mais.
- Comprometem-se mais.
- Terminam as coisas que começam.

- Dão atenção aos detalhes em tudo o que fazem.
- São empáticas.
- Ouvem mais do que falam.
- Respeitam as opiniões diferentes.

Tais pessoas são intrinsecamente motivadas e vivem sob constante estímulo interno, não sendo movidas por possíveis consequências, mas permanentemente impulsionadas a um objetivo. Esse tipo de motivação depende unicamente do indivíduo e está relacionado à existência de prioridades, a valores vivenciados e aos desejos internos de cada um:

> [...] a autodeterminação é uma tendência humana inata e está relacionada à motivação intrínseca. Nessa perspectiva, as pessoas têm uma propensão natural para a realização de suas atividades que desafia as habilidades já existentes. Desse modo, as pessoas agiriam de forma espontânea, por vontade própria e não a partir de pressões externas. (REEVE; DECI; RYAN, 2004, apud ENGELMANN, 2010, p. 32)

A motivação intrínseca é essencial para que as pessoas realizem até as tarefas mais banais do cotidiano, estimulando o crescimento pessoal e o profissional e alcançando seus desejos e metas. Para elevar a capacidade de automotivação, é indispensável que o indivíduo treine o autoconhecimento e entenda melhor os fatores que o impulsionam, de fato ao "faça acontecer", saindo da zona de (des)conforto para descobrir o que realmente o torna pleno e, consequentemente, desenvolver autoconfiança tamanha a ponto de ser visto pelas pessoas ao seu redor.

Ninguém geralmente vive isolado, nem de maneira autossuficiente (**significância**, uma das seis necessidades essenciais do ser humano).

As pessoas se habituaram a viver em sociedade e estão continuamente em contato com as demais pessoas e cenários novos ou rotineiros, tudo isso por meio da capacidade de comunicação. É fácil entender o quanto certas habilidades têm imensa importância nesse mundo compartilhado, já que nossa vida pessoal e profissional está baseada nas relações interpessoais.

Portanto, nossas emoções, impulsos, ansiedades e demais sentimentos precisam ser direcionados para objetivos substitutivos, evitando reprimir tais situações. É evidente a necessidade de se estabelecer relações empáticas.

E eu poderia, aqui, falar mais sobre como, de forma equivocada, entendemos e consequentemente praticamos a tal da empatia, mas vou tentar me fazer entender de forma simples: não ache que pode se colocar no lugar do outro, uma vez que não temos como fazer isso, lembre-se, mas podemos, e devemos sim, tentar o entendimento da situação e buscar soluções genuínas para ajudar, mesmo que seja sentar na calçada com o outro, sem a necessidade de proferir uma só palavra.

Necessidades humanas como o conforto, a variação, a significância, conexão e amor, o crescimento e a colaboração com outras pessoas são a base para que possamos de fato estabelecer boas relações interpessoais, o que reafirma que é muito importante que respeitemos as pessoas com as quais estamos convivendo e que aprendamos a escutar o outro antes de defendermos nossos próprios pontos de vista.

Quando falamos que o marketing pessoal promove o crescimento pessoal e profissional, estamos nos referindo ao fato de que ao utilizá-lo a pessoa passa a buscar o aprimoramento de seus talentos e competências, por meio da atualização de conhecimentos específicos e gerais, e com isso pode realizar mais facilmente suas metas e objetivos. Na verdade, o Marketing Pessoal ajuda a criar a marca da pessoa e é uma ferramenta importantíssima, pois melhora a imagem e desenvolve habilidades como liderança, percepção e o próprio carisma.

Segundo o administrador de empresas e pensador Max Gehringer, existem dez mandamentos para um efetivo Marketing Pessoal:

1. Liderança: ser um formador de opinião. Ter a habilidade de influenciar.
2. Confiança: ser a pessoa que os outros precisam.
3. Visão: entender o que você está fazendo e o motivo daquilo, sugerindo mudanças e melhorias ao seu trabalho e ao dos seus colegas.
4. Espírito de equipe: ajudar sem ser chamado.
5. Integridade: fazer seu trabalho sem prejudicar alguém e/ou o trabalho de outro, sem ser ambicioso ou atropelar ou desmerecer o outro.
6. Visibilidade: ser o primeiro a se disponibilizar quando seu superior necessita de algum voluntário para determinado serviço.
7. Empatia: reconheça o trabalho de quem está ao seu lado. Lembre-se: vocês caminham juntos, elogiar não arranca pedaço.
8. Otimismo: encarar as coisas da melhor maneira possível.
9. Paciência: de todas as qualidades, esta é a que mais nos prejudica se não a possuirmos, saber esperar pelas oportunidades e pelas ocasiões certas.
10. Maturidade: solucionar conflitos sem gerar mais conflitos, direto ao ponto.

Fazer marketing pessoal não é colocar-se frente às pessoas por meio de um discurso cheio de adjetivos, mas sim demonstrar quem de fato você é, seu propósito neste mundo, suas melhores habilidades, valores e principalmente estar disposto a ouvir o que os outros têm a dizer.

Pessoas que conseguem influenciar positivamente os outros, por meio de uma imagem "benéfica", têm como uma de suas características a polidez de ouvir e saber que podem e devem aprender com o outro. Valorizam o mapa mental do outro, o visitam com frequência e se deixam visitar pelo outro também, pois entendem que essa troca é uma ferramenta poderosa para o desenvolvimento das partes envolvidas na construção de relações interpessoais saudáveis.

Atender a esse processo provocará as potencialidades de quem o faz, dando a ele uma visão amplificada de seus próprios atributos, dons, habilidades e, também, de suas fraquezas. Sim, as vulnerabilidades não podem ser excluídas desse mecanismo de conhecimento. Ora, se as emoções são um conjunto de respostas químicas que o cérebro sofre quando recebe um estímulo ambiental, elas, todas elas, precisam ser acolhidas nesse processo. Nenhum de nós nasceu com dotes naturais para resolver problemas, nem tampouco temos a capacidade de **controlar** as emoções; elas têm intensidade e vida própria. O que ao longo da nossa caminhada aprendemos, ou deveríamos aprender a fazer, é **canalizar** cada uma delas. E como: entendendo que para cada emoção que vem sem hora, lugar ou aviso prévio, existe um sentimento que estará ligado a ela. Somos seres emocionais e, como tais, "cheios de qualquer coisa" prestes a transbordar. Mantenha seu copo sempre com uma margem, não de segurança, não acredito nisso, já que estamos falando de emoções, mas sim uma margem de transitoriedade. Onde você poderá fazer aquela canalização que mencionei. E vai por mim, essa "capacidade" é o que nos diferencia dos demais, quando aqui estamos querendo colocar em voga nosso marketing pessoal, a venda da nossa imagem.

Diferentes pessoas têm diferentes formas de enxergar o mundo e personalidades distintas, e o comportamento é uma extensão dessa personalidade. O grande desafio é identificar de maneira positiva essas diferenças comportamentais e potencializar o poder de relacionamento das pessoas. A comunicação é extremamente relacionada com as percepções e motivações, seja do emissor ou do destinatário, dentro do contexto sociocultural que os envolve. Daí resulta a percepção social, o meio pelo qual o indivíduo forma impressões de uma outra pessoa na esperança de compreendê-la.

Assim, à medida que estamos inseridos e comprometidos com nossas atividades profissionais e pessoais, em contato com o que não é comum a nós, passamos a nos permitir experimentar situações novas e nunca antes experimentadas. Nesses ambientes, falar bem utilizando apenas, de forma correta, as regras gramaticais e utilizando a eloquência não são suficientes. É importante alocar recursos internos e externos que sejam facilitadores do diálogo, dando oportunidade à troca democrática de ideias, o que gera um clima de confiança e bem-estar entre os relacionados.

Considerações finais

Foi possível observar que utilizar o Marketing Pessoal da forma mais adequada não se dará de um dia para o outro. É, além de exercício diário, a busca por saber quem você é e por que veio ao mundo. O autoconhecimento é o maior e melhor presente que podemos nos dar. Afinal de contas, vimos que com o olhar atento à sua essência e a fidelidade a seus propósitos é completamente possível identificar e desenvolver uma imagem pessoal positiva e beneficamente influenciadora, tornando-nos pessoas "treinadas" e esclarecidas, uma referência tanto em nossa área de atuação profissional quanto em nosso ambiente familiar e pessoal.

Após a elaboração deste trabalho e a vivência de um estudo um pouco mais profundo sobre a importância da Motivação e do Marketing Pessoal e seu papel no caminho para obtenção de relações saudáveis, percebe-se que é relevante, no entanto, evidenciar o cuidado das particularidades de cada pessoa que cruzar o seu caminho. Não podemos simplesmente nos vender e ignorar o que de fato nos fará úteis e vendáveis para o outro. Sem essa relação direta, não existe negociação. O autoconhecimento é o início de tudo, bem como a clareza da forma como se é percebido na sociedade.

O marketing pessoal passa então a ser não somente uma ferramenta facilitadora do tão desejado reconhecimento pessoal e profissional, mas uma forma de enxergar a vida a fim de vivenciar os imensos benefícios ao utilizador. Assim, ao final desse estudo e com o conhecimento introdutório dessas novas estratégias, a partir de agora o leitor pode se direcionar a caminhos que o levem a atingir uma boa colocação no mercado de trabalho e na vida pessoal, com muita criatividade, conhecimento aplicado e competência.

Dessa forma, quanto mais cedo se habituar a encarar o mundo de oportunidades com a ajuda dessas ferramentas, maiores serão as chances de se chegar "ao topo". Mas aqui vale um adendo importante: muitas vezes, vivemos percorrendo o tal "chegar lá" e quando chegamos percebemos que não era ali que queríamos estar; portanto, antes de colocar a venda nos olhos e sair, freneticamente, sem rumo, dê concretude ao caminho, solidifique o percurso, municie sua rotina de estratégia, coloque firmeza em cada passo e tenha olhos de ver!

GO! GO! GO!

Referências

KOTLER, Philip. *Administração de marketing*. São Paulo: Prentice Hall, 2000.

KOTLER, Philip; ARMSTRONG, Gary. *Princípios de marketing*. 12ª Ed. São Paulo: Prentice Hall, 2007.

OLIVEIRA NETO, Pedro Carvalho de. *Marketing pessoal: o posicionamento pessoal através do marketing*. 6.ed. Fortaleza,1999.

PEDRETTI, Kaue Balista Ferreira. *Tipos de marketing: #1 - marketing pessoal*. 2016. Disponível em: <kauebalista.blogspot.com.br/2015/02/tipos-de-marketing-1-marketing-pessoal.html>. Acesso em: 31 ago. de 2017.

REEVE, J., DECI, E. L.; RYAN, R. M. Self-determination theory: a dialectical framework for understanding sociocultural influences on student motivation. In: MCINERNEY, D. M.; VAN ETTEN, S. (Orgs.). *Big theories revisited*. Greenwich, EUA: Information Age Publishing, 2004.

VILELA, Monica. *A importância do aprimoramento de técnicas de relacionamentos interpessoal para a vida pessoal e no trabalho*. 2014. Disponível em: <administradores.com.br/artigos/academico/a-importancia-do-aprimoramento-de-tecnicas-de-relacionamentos-interpessoais-para-a-vida-pessoal-e-no-trabalho/80175/>. Acesso em: 30 ago. de 2017.

5

AUTORRESPONSABI-LIDADE: SUA VIDA ESTÁ EM SUAS MÃOS

Neste capítulo, trago alguns fatores e situações cotidianas que podem refletir nas novas gerações e como essas questões podem ser decisivas no desenvolvimento humano e profissional das pessoas.

CLAUDIA MAMUTH

Claudia Mamuth

Coordenadora de Recursos Humanos. Tecnóloga em Gestão de RH, formada pela Universidade Nove de Julho. Possui formação em Técnicas de Chefia e Liderança, Recrutamento e Seleção, Técnicas de Seleção e Entrevista. Participou da Formação *Professional Coach* do EHumanas – Essência de Habilidades Humanas. Possui 20 anos de experiência na área de RH e tem investido no desenvolvimento das equipes na empresa onde trabalha atualmente, buscando o engajamento pessoal e profissional, proporcionando um ambiente acolhedor e estimulante e elevando o nível de competência dos profissionais para que possam realizar seu trabalho com máxima qualidade e eficiência. Acredita nas contratações assertivas, considerando experiências, expectativas e análises comportamentais, baseando-se, também, na presente cultura organizacional.

Contatos
claudia_mamuth@hotmail.com
Facebook: Claudia Mamuth
Instagram: @claudia_mamuth

Autorresponsabilidade é a capacidade racional e emocional de trazer para si toda a responsabilidade por tudo o que acontece em sua vida, por mais inexplicável que seja, por mais que pareça estar fora do seu controle e das suas mãos.
Paulo Vieira

Família, base educacional e emocional

Entendemos como família um conjunto de pessoas ligadas por um grau de parentesco e que normalmente o comportamento, crenças e condutas são influenciados por seus ascendentes, que, por sua vez, poderão influenciar as outras gerações.

É no grupo familiar que uma criança obtém a sua base emocional e educacional que a acompanhará por toda a sua vida.

É extremamente importante que haja uma boa comunicação e relacionamento entre a criança e a família a que pertence, de modo a promover o seu crescimento, no que diz respeito à formação de caráter, estabelecimento de regras sociais, de boa educação, interação com os outros e participação nas atividades familiares. Dessa maneira, desenvolvem conceitos importantes para uma correta e saudável integração na sociedade.

Desde os primeiros anos de vida de uma criança é comum alguns pais terem cuidado excessivo, prejudicando sua autonomia e independência. Há também os que não estão presentes, principalmente nos dias de hoje: além dos pais, as mães passaram a exercer atividades profissionais, terceirizando a educação dos filhos para as escolas ou até mesmo familiares. Outro fator são os pais separados; relatos atuais mostram que cada vez mais tem crescido o divórcio no Brasil; antes de o casamento chegar ao fim, apresenta vários sinais, como afastamento físico, brigam por tudo e por nada. Toda separação afeta muito a criança, pois muitos divórcios acontecem de forma litigiosa, ou seja, com brigas e muitas desavenças, o que proporcionará conflitos na mente dos filhos e as ausências, muitas vezes, acabam sendo compensadas por presentes. Onde há a desestruturação familiar, há menos possibilidade de a criança crescer e se desenvolver, assumindo responsabilidades e enfrentando frustrações que poderão ser potencializadas pela condição vivida na sua infância.

A base familiar, quando possui condutas consistentes, estabelecimento de regras, afeto, correções e diálogo, tem maior probabilidade de formar um filho com comportamentos e habilidades que poderão ser úteis e influenciar no futuro. Podemos citar diversas histórias de superação, casos como o de "Rick Chesther", um mineiro de família humilde que decidiu vender água na praia para resolver a situação financeira difícil pela qual estava passando. Foi pedreiro, faxineiro e auxiliar de serviços gerais, até que se viu em uma situação financeira um tanto quanto complicada. Ele tinha três opções: reclamar, trabalhar ou até mesmo seguir no caminho da criminalidade e ser considerado mais uma vítima da sociedade. Mas como ele, outros milhares de anônimos com uma estrutura familiar carente não usaram as dificuldades como desculpa, mas ao contrário disso ressignificaram todas as adversidades e deram a volta por cima. Já se apresentou na Universidade de Harvard, nos Estados Unidos, para dar uma palestra e falar sobre a sua trajetória.

Cultura do imediatismo

Tive uma infância simples e feliz; não chegamos a passar por necessidades, mas tudo era muito bem controlado pelos meus pais. Não tinha desperdícios nem roupas de marca, porém nunca questionei e jamais desejei ter outra vida. Acredito que a minha base, ou seja, a conduta dos meus pais, contribuiu para me tornar quem sou hoje e também tem forte influência na criação dos meus filhos.

Lembro-me de que, aos 12 anos, já tinha a responsabilidade de abrir o comércio do meu pai até que ele chegasse do seu trabalho. Era minha obrigação limpar, organizar, vender; e ainda ganhava uns trocados.

A autorresponsabilidade precisa ser cultivada desde os primeiros anos de vida para que, no futuro, a pessoa possa responder pelos seus atos e conquistar seus objetivos.

Atualmente, no mundo corporativo, nos deparamos com muitos jovens almejando crescimento e cobrando oportunidades. Desejam um bom cargo, condições diferenciadas e um salário atraente, talvez nunca recebido por um profissional que começou a trabalhar na sua adolescência e que com muita paciência e durante muitos anos de casa conquistou uma posição reconhecida no seu trabalho.

A tendência de agir em função do que oferece vantagem imediata, sem considerar os caminhos que levam ao reconhecimento e sucesso ou as consequências futuras, se resumem na cultura do imediatismo; esperar por uma oportunidade ou ter paciência tornou-se algo muito raro.

Podemos também relacionar esse comportamento à geração Y, também chamada de geração do Milênio ou, em inglês, *Millenials,* termo usado para classificar pessoas nascidas entre a década de 1980 até por volta de 1994.

Por estarem ligadas diretamente ao contexto da globalização, rápidas transformações econômicas e tecnológicas, elas passaram a dominar as novas ferramentas com muito mais propriedade. A geração Y não usa a tecnologia apenas como passatempo e diversão, mas também pela necessidade de se comunicarem e saber o que está acontecendo no resto do mundo. Costumam ser ansiosos e querer tudo para ontem, possuem dentro de si certa inquietação, podendo gerar instabilidade e incerteza nos estudos e principalmente na carreira profissional.

Quando percebem que não têm oportunidade imediata de crescimento, não hesitam em procurar outro local para trabalhar; o termo pular de galho em galho é prática recorrente.

Mas fica uma indagação... O que estão fazendo no presente para que tenham o futuro que tanto esperam? Estão estudando ou buscando algum desenvolvimento educacional e profissional, garantindo estabilidade no mercado de trabalho, seu crescimento e até mesmo o surgimento de melhores oportunidades?

Quem não está buscando ficará na utopia de conseguir algo melhor, restando-lhe apenas se vitimizar terceirizando a culpa pela sua falta de atitude.

> *Alguns jovens não arrumam nem a cama, mas já querem ser promovidos com um ano de casa. — Vania Ferrari*

Quando percebi que meu mergulho era raso

Sempre fui movida por uma inquietação interna; praticava esportes, dança, fiz vários cursos básicos de inicialização profissional. Aos 19 anos iniciei a vida acadêmica, tentei o que mais me atraía naquele momento, o curso de Licenciatura em Pedagogia e, logo em seguida, recebi uma oportunidade para atuar no Depto. Pessoal de uma empresa temporariamente como auxiliar. Lembro-me de que minha "Chefe" me fazia algumas perguntas ou passava algumas atividades e, mesmo sem ter muito conhecimento, sempre dizia que conseguiria fazer sim e me virava nos 30. Com grande esforço e dedicação, fui efetivada e fiquei lá durante oito anos; e foi aí que me apaixonei por essa área e estou até hoje. Depois de alguns anos sem me atualizar, precisava me conectar com novos conhecimentos e, por obra do destino, em uma reunião com meu Diretor, na qual tratávamos de vários assuntos, ele me sugeriu que procurasse alguma formação que pudesse me dar suporte para o Desenvolvimento de Pessoas, pois isso me traria embasamento para atuar na minha função e mudaria um pouco o caminho com o qual eu já estava acostumada, toda a parte burocrática de um Departamento Pessoal. Aceitei o desafio. Fiz algumas pesquisas sobre Instituições especializadas no assunto, e por boas indicações de uma amiga busquei a EHumanas. Foram seis dias intensos de conhecimento e grandes descobertas e, mesmo com toda a minha bagagem, pude perceber que meu mergulho ainda era muito raso e que eu poderia ir muito além.

No decorrer dessa formação consegui enxergar que não existe sorte, o que existe é "AÇÃO". Você não pode mudar nada e ninguém se antes não mudar a si mesmo. Você precisa de autoconhecimento, de autocompaixão e principalmente de autorresponsabilidade. Pude perceber com mais intensidade que tudo depende de mim.

Vale dizer também que, além de todo o aprendizado, a conexão com as pessoas foi muito importante. Deparei-me com seres humanos com aparência frágil, porém com uma força e determinação maiores que o mundo; e outros seres humanos com uma aparência dura e resistente, porém internamente um frágil cristal. Surpreendi-me com a minha capacidade de entrega e superação. Não foi nada fácil, mas me permiti ao mergulho mais fundo e mais intenso do meu ser.

É dessa forma que venho despertando nas pessoas com quem convivo essa necessidade de assumir e praticar a autorresponsabilidade, buscar crescimento, evolução e, principalmente, se doar por aquilo que deseja alcançar.

Referências

DOSSIÊ Geração Z. *Você RH*. Ed. Abril. Dez 2019/Jan. 2020.

VIEIRA, P. *O poder da autorresponsabilidade*. 4. ed. São Paulo: Ed. Gente, 2018.

6

A ESSÊNCIA DO SER HUMANO

Quando pensamos sobre a vida e nosso desenvolvimento, podemos perceber alguns caminhos que nos são apresentados como opção para atingir nossos objetivos. Fazendo um paralelo com o desenvolvimento emocional, encontramos particularidades interessantes e que, se atentarmos a elas, podem fazer grande diferença nas escolhas da vida. Você já parou para pensar que talvez esteja terceirizando a sua essência?

DEBORA GREGORIN
E EVANDRO GREGORIN

**Debora Gregorin e
Evandro Gregorin**

Debora e Evandro Gregorin são nascidos em São Paulo e casados há 28 anos. Pais de um filho de 27 anos. Debora é empresária e psicoterapeuta psicanalítica clínica. Tem formação Master Mind, Professional Coach e é terapeuta holística e mestre reiki. Evandro é empresário, psicoterapeuta psicanalítico clínico. Tem formação Master Mind, Professional Coach e é autor do livro *Subirconsciente: o preço da interpretação*.

Contatos
evandro_gregorin@hotmail.com
deboramaielo@hotmail.com

A essência do ser humano

Será que existe realmente uma essência no ser humano ou dentro dele pode conter várias essências?

Quando recebemos do professor e amigo Wilson Nascimento o convite para participarmos deste projeto sobre a Essência do ser humano, ficamos muito contentes. Afinal de contas, temos dedicado a maior parte de nosso tempo em busca dessa essência, aquela misteriosa incógnita que pode preencher nossas lacunas mais profundas em nossas emoções ou até mesmo criar um vazio imenso em nossa existência.

Todas as vezes em que "paramos" e começamos a pensar a respeito do assunto, uma série de perguntas sem respostas começam a dominar nossa mente e, com isso, passamos a realizar uma grande viagem mental em nossa própria filosofia interior, buscando um sentido a essas perguntas.

Entendemos que para definir o que é essência ou qual é a nossa essência precisamos entrar em um mundo muito desafiador e bastante complexo, que é encarar nosso maior adversário: o eu interior.

Quanto "caos" em apenas uma simples pergunta!

De uma forma bem superficial, mas na magnitude da pergunta, posso descobrir qual é o meu perfume, já que essência sempre vem acompanhada de uma fragrância ou até mesmo que a minha essência é meu espírito.

Mas se formos mais a fundo na questão, e se resolvêssemos agora nos permitir e encontrarmos aquela "pérola" dentro do nosso ser?

Então, vamos nos permitir, bora nos conhecer!

Algumas pessoas passam por nossa vida nos deixando um pouco delas. Como resultado de algumas circunstâncias, umas podem ser experiências amargas, outras compartilham experiências doces demais, mas sempre há pessoas que nos deixam exatamente a dosagem que precisamos, na medida certa. Isso significa que deixamos por onde passamos aquilo que temos em nós, em nossos corações, ou seja, a nossa essência... O nosso perfume (seja ele agradável ou não para as pessoas).

Podemos enumerar aqui várias vertentes passíveis de responder a essa pergunta intrigante: qual é ou quais são as essências do ser humano? Mas não faremos isso.

Em nossa visão, o ser humano vive um processo constante de evolução, e suas percepções necessariamente se adaptam a esses novos conceitos vivenciados no momento presente de suas vidas.

Eu, Debora, acredito que minha essência se resume a dois pontos:

1. Sentimento do tesão. Aquilo que é forte/impulso que nos faz mover/intensidade e vivacidade.
2. Emoção do amor. Atitude de motivar ouvir e respeitar.

No decorrer de nossas vidas, acumulamos experiências e aprendizados. Quando olho para essa jornada essas duas vertentes em minha vida são muito claras.

Quando um sentimento de mulher por um homem deixa de ser um amontoado de desejos íntimos de fantasias pessoais (sonhos, projeções) e se torna visível diante de seus olhos, um possível estado de euforia passa a dominar nosso corpo, projetando em nossa mente um impulso de nos mover em busca de saciar essa vontade a cada dia, tornando-se um desejo ardente de viver essa experiência, intensa e totalmente recompensada quando atingida.

Ah, e o tesão de ter um filho? Tenho em minha mente recordações de todos os passos que demos em direção a essa etapa tão importante de nossas vidas; o desejo forte de ter um serzinho junto da gente aumentava meu impulso de fazer a coisa certa e a intensidade de viver mais conectada com a gestação. Gerar um filho é extasiante, um sentimento indescritível. Toda mulher sabe que ter um filho é um passo importante na vida, por isso deve ser gerado com planejamento e amor.

Mas é importante ressaltar que, para a recompensa ser atingida de uma forma saudável, precisamos ter intensidade na consciência do nosso esforço, cautela e razão em nossa ação, abundância de energia no sentido construtivo e não perder o entusiasmo.

Isso para mim é o tesão. Com o tempo pude perceber que esse sentimento de estar presente em todas as fases da vida, principalmente nos meus sonhos e projetos, é um combustível propulsor para que dias intensos e "calientes" façam parte dela.

Tudo que começa com tesão acaba virando amor. (Debora Gregorin)

Falando nisso, você tem amor?

O amor é o mais nobre e puro sentimento que a raça humana pode ser capaz de sentir e produzir, partindo sempre do nosso desejo de encontrar uma vida melhor, mais prazerosa, mais feliz, uma vida realmente preenchida em nossas lacunas mais obscuras que carregamos através do tempo em nossas almas.

Como viver a plenitude na ausência desse sentimento?

Pessoas, cidades e países se transformam quando encontram em seus corações o tão sonhado sentimento, conhecido como amor. Na verdade, é ele que reside e alimenta nossa esfera. Todos os outros sentimentos simplesmente são desenvolvidos e projetados através dele ou por ele.

Não devemos mais viver a vida lutando contra a única certeza, pois todos os mestres que passaram aqui em nossa esfera deixaram isso muito bem claro e definido, mostrando-nos por meio de seus exemplos, uns até com suas próprias vidas, que tudo é amor e que sem ele nada seríamos.

"Ame ao próximo como a ti mesmo, essa é a máxima!"

Desenvolver e potencializar o amor através da ciência de realizá-lo com a mais pura consciência que lhe é permitida e sentir o prazer real da vida deve ser o nosso objetivo maior.

Sendo o amor uma ciência, ele pode sim ser produzido!

Somos seres neurobioquímicos; portanto, automaticamente, nosso corpo está sempre produzindo substâncias químicas (hormônios) e os neurônios, utilizando-se disso para se conectarem o tempo todo, criando uma neuroassociação, resultando em um sentimento específico que é alterado conforme as porcentagens desses hormônios se alteram, atingindo positiva ou negativamente o nosso corpo físico.

Vale ressaltar que todo pensamento assíduo ou relações externas estão ligados diretamente à produção desses hormônios.

Flow do amor

O prof. Mihaly Csikszentmihalyi chama de estado de *flow*, ou simplesmente *flow*, estar completamente envolvido em uma atividade para o seu próprio bem. O ego desaparece. O tempo voa. Cada ação, movimento e pensamento segue inevitavelmente o anterior, como tocar jazz. Todo o seu ser está envolvido e você está usando suas habilidades ao máximo.

Quando o *flow* ocorre, a consciência está cheia de experiências, que estão em harmonia entre si; o estado de *flow* tende a ocorrer quando o indivíduo enfrenta um conjunto claro de metas que exige respostas apropriadas.

Pensando nisso e acreditando que todas as fases de nossa vida sejam cíclicas, foi desenvolvido o processo que definimos como *flow* do **amor**:

Você tem a **A**titude de **M**otivar, **O**uvir e **R**espeitar determinada pessoa, comportamento ou principalmente **você?**

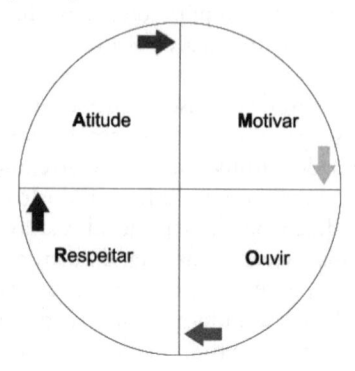

Atitude, Motivar, Respeitar, Ouvir.

Essa é uma pergunta poderosa, pois por meio de uma introspecção sobre o tema nos remetemos ao mais profundo dos nossos sentimentos e emoções, trazendo-nos uma nova percepção sobre os fatos que estão relacionados em nosso pensamento.

Então passamos a compreender que os nossos sentimentos e emoções são de nossa responsabilidade e aí tudo começa a se transformar, alterando nossa estrutura bioquímica, conforme as porcentagens desses neurotransmissores relacionados se ajustam em nosso corpo. Esses neurotransmissores são conhecidos cientificamente como hormônios da felicidade. São considerados os hormônios da felicidade:

Endorfina

Morfina do corpo, analgésico natural – relacionada à *Atitude*.

• **Atitude**: maneira de se comportar, agir ou reagir, motivada por uma disposição interna ou por uma circunstância determinada; comportamento.

Dopamina

Responsável pela memória, movimentos, atenção e prazer – relacionada a *Motivar*.

• **Motivar**: dar motivo a algo, causar. Determinar motivação, estimular. Despertar interesse sobre algo. Fornecer motivos para uma ação ou decisão.

Serotonina

Neurotransmissor entre células nervosas. Humor, sono, apetite, funções intelectuais – relacionada a *Ouvir*.

- **Ouvir**: entender ou perceber os sons pelos sentidos. Oferecer atenção; atender, escutar.

Oxitocina

Composto cerebral na construção da confiança, base dos relacionamentos emocionais que potencializam o desenvolvimento do cérebro – relacionada a *Respeitar*.

- **Respeitar**: demonstrar ou possuir respeito por outras coisas e/ou pessoas e principalmente por você; considerar importante.

O efeito do *flow* do amor entre pessoas

- **A: atitude**. Se eu tiver uma atitude em relação ao meu próximo (marido, amigo, filho), desencadeando nele a motivação, seu corpo passa a produzir **dopamina**.
- **M: motivar**. Se eu tiver sucesso na motivação do meu próximo (marido, amigo, filhos), fazendo com que ele tenha um determinado comportamento, uma atitude, seu corpo passa a produzir **endorfina**.
- **O: ouvir**. Se eu obtiver êxito em oferecer atenção e atentar-me às barreiras da comunicação com o meu próximo (marido, amigo, filhos) e ele se sentir importante, seu corpo passa a produzir **serotonina**.
- **R: respeitar**. O sucesso em fazer o meu próximo (marido, amigo, filhos) aprender e reconhecer a importância do relacionamento social e amoroso gera vínculo com as pessoas. Esses vínculos, em forma de abraços, carícias e sexo, fazem o corpo produzir **oxitocina**.

O *flow* do amor em mim mesmo

- **A: atitude**. Uma atitude comigo mesmo que pode ser, entre outras, dançar, trabalhar em equipe etc., gera sensação de felicidade e meu corpo passa a produzir **endorfina**.
- **M: motivar**. Uma motivação comigo mesmo, que pode ser dar um primeiro passo em busca de um objetivo; meu corpo passa a produzir **dopamina**.

- **O: ouvir.** Uma atividade de exercício físico e recordar momentos felizes fazem meu corpo produzir **serotonina**.
- **R: respeitar.** A prática de um relacionamento emocional faz meu corpo produzir **oxitocina**.

Estamos todos aqui para vivermos um grande aprendizado, uma verdadeira evolução. Nossos laços de afeto são fortalecidos mesmo que inconscientemente e a evolução do espírito é uma constante, devendo ser sempre pautada na vertente do amor.

Não deixe a vida passar, vamos passar pela vida!

Cante com os pássaros, com a pessoa que mais ama, dance com a leveza do vento que sopra no rosto quando nos conectamos com nosso criador, ame... Mas ame com toda a força do seu coração, ame a si, as pessoas que estão ao seu lado, ame a natureza, os animais, enfim, tudo e todos que estão nessa jornada ao seu lado.

Foi um imenso prazer participar deste projeto intenso e maravilhoso. Desejamos que a sua melhor essência seja radiante em toda a sua vida!

Abraço dos amigos.

7

CONECTANDO-SE COM A MATRIZ DO APRENDER

O principal objetivo deste capítulo é você perceber que cada interação do dia a dia é um aprender constante, seja ela conflitante ou adorável. Este novo conhecimento ajudará você com um novo olhar; portanto, permita-se mergulhar em seu pensamento, entendendo como ele funciona e como é possível treiná-lo para prosperar. Este capítulo é direcionado para pais, empresários, educadores e qualquer pessoa que esteja ligada à arte de ensinar. Portanto, como aprendemos desde o momento em que nascemos (a respirar) até o momento em que partimos, acredito que esse mergulho na aprendizagem seja válido para qualquer pessoa. Cada indivíduo tem sua forma de aprender. Qual sua matriz do aprender? Mergulhe no seu ser e perceberá o quanto isso lhe trará benefícios.

DOLORES HERNANDES
AFFONSO BERTOLINI

Dolores Hernandes Affonso Bertolini

É psicopedagoga clínica, *coach*, alfabetizadora, professora e diretora pedagógica do Super Cérebro – Suzano/SP. Ama ensinar e aprender. Crê na evolução do indivíduo, por isso nunca desistiu de trabalhar e de se aperfeiçoar na área educacional. Acredita que para todos os desafios existem soluções e leva esse pensamento para a vida. Graduada em Magistério no Instituto de Educação do Paraná, graduada em Pedagogia pela Pontifícia Universidade Católica do Paraná (PUC-PR), pós-graduada em Psicopedagogia Clínica e Institucional pela Universidade de Mogi das Cruzes (UMC), Professional Coach pelo Curso EHumanas (Essência de Habilidades Humanas). Associada à ABPP (Associação Brasileira de Psicopedagogia). Continua se aperfeiçoando ao realizar cursos em instituições como o AMA (Associação dos Amigos Autistas), Centro de Estudos Edith Rubinstein e outras.

Contatos
sites.google.com/view/psicopedagogiaecoaching/in%C3%ADcio
doloreshaffonso@yahoo.com.br
Facebook: @dolorespedagogia
Instagram: @doloreshernandes_
11 97551-8840

Aprender melhor para ensinar melhor

Se você é pai ou mãe, pergunte-se como você transmite sua experiência de vida aos seus filhos. Que valores e indivíduos você quer formar para o mundo? Se empresário, como você treina e motiva seus funcionários para atingir suas metas? E, se você é professor, lembre-se de que só podemos ensinar o que sabemos; como tem sido sua prática?

Já ouviu falar em **modalidade de aprendizagem**?

Identificar a modalidade de aprendizagem é importante para rever sua postura em relação ao conhecimento e ao comportamento, adequando-se às dificuldades com o propósito de ressignificar sua aprendizagem.

Mergulhando nessas reflexões e partindo do pressuposto de que o aprendizado é constante, quanto mais consciência tenho das minhas habilidades e dificuldades, mais consigo criar um planejamento para atingir meus objetivos.

Todos temos facilidades e dificuldades em aprender em determinadas áreas. Torna-se necessário identificar o estilo e a necessidade de cada pessoa. Esse estilo é chamado de modalidade de aprendizagem, ou seja, é o modo como a pessoa se relaciona com o aprender.

Para entender, vamos refletir sobre o que é aprendizagem.

Aprendizagem é quando o indivíduo modifica seu comportamento em função da sua experiência.

Quando percebemos como a pessoa se relaciona com o conhecimento, descobrimos as posturas que se repetem e as que mudam ao longo do tempo nas diferentes áreas. A criança ou sujeito se molda durante essas relações, de acordo com o significado que atribui a elas e a significação do grupo familiar de sua origem. Podemos dizer que é a matriz de cada um. Esse molde é mutável, modifica-se no decorrer da vida e das situações. Quando aprendo algo novo, meu cérebro relaciona com o que já sei e, assim, reestruturo meu novo saber.

É um ciclo entre o aprendente (quem aprende), o objeto (o que se está aprendendo) e o ensinante (quem ensina). A relação nesse ciclo é fundamental para uma aprendizagem eficiente.

Façamos a comparação com um pintor; ele conhece pincéis, aprendeu a misturar tintas, usar espátulas, texturas e diversas técnicas para seu trabalho obtendo acertos e erros. Assim é na aprendizagem, estão envolvidos vários aspectos, como inconsciente, consciente, lógica, emocional, corpo, família e diversos fatores. O aprendente organiza-se espontaneamente utilizando estratégias para aprender e criar de acordo com suas necessidades.

Quando esse molde se enrijece, não muda, não se adequa, podemos dizer que teremos a possibilidade de um problema de aprendizagem.

Fica a dica: observe-se e perceba como você e as pessoas à sua volta posicionam-se diante da rotina e dos novos desafios. Observar é a porta para aprender e evoluir.

Soledad Lugones (1999), psicopedagoga argentina, escreve:

> [...] Para autorizar-nos a Ensinar, devemos fazer-nos autores... acreditar em nós. Olhar o valor que têm o que fazemos, apropriar-nos da singularidade que possuímos [...] Fazer-nos autores de nossos pensamentos.

Como você se identifica?

Só posso pensar em estratégias para ensinar quando realmente conheço quem quero ensinar, suas diferenças e especificidades. Posso pensar no meu aluno, no meu filho, nos meus funcionários e em mim mesmo.

Compreendendo a especificidade de cada um, posso enquanto ensinante mediar as situações de aprendizagem tornando-as mais significativas.

Para entender quais são elas, precisamos conhecer o que diz Piaget sobre aprendizagem: "é um processo onde ocorre a assimilação (é integrar um conhecimento novo ao que já temos) e acomodação (é a transformação que um novo conhecimento causa em nossos pensamentos e atitudes)".

Piaget diz que ocorrendo o equilíbrio entre acomodação e assimilação, acontece uma adaptação, uma aprendizagem. Quando uma se sobrepõe à outra temos as seguintes modalidades de aprendizagem:

Hipoassimilação

Como o contato com o objeto de conhecimento é pobre, a aprendizagem também torna-se empobrecida, com déficit lúdico e criativo.

Hiperacomodação

Prefere copiar ao invés de criar, prevalece a imitação, falta iniciativa e o sujeito é acrítico em relação a interações e comandos. São considerados bons alunos, pois reproduzem e submetem-se sem discussão.

Hipoacomodação

Não explora muitos objetos, normalmente permanece em uma mesma atividade. Apresenta dificuldade de estabelecer vínculos emocionais e cognitivos.

Hiperassimilação

Prende-se aos detalhes e não observa o todo, traz vários assuntos ao mesmo tempo, mas não costuma ouvir, pois já está pensando em outras questões.

Quando utilizamos somente uma modalidade de aprendizagem, podemos dizer que há um transtorno.

Perceber de que forma eu aprendo, quais as minhas preferências e qual o meu estilo promove a reflexão e a consciência do que está adequado e o que é preciso ajustar para chegar à eficiência. Questões estas que vão favorecer o desempenho nas mais variadas atividades do dia a dia, como trabalhar, estudar, praticar esportes, organizar a casa e o lazer.

Perceber a necessidade da própria mudança é um dos caminhos para o autoconhecimento.

Como criar um ambiente saudável para aprender

A oferta de um espaço saudável favorece uma aprendizagem significativa. Elenco aqui algumas dicas básicas, lembrando que você pode e deve criar suas próprias alternativas, pois a ideia é mergulhar dentro de si e adequar este conteúdo de acordo com a sua modalidade de ensinante ou aprendente. Afinal, você é autor do seu pensamento. Vamos lá:

- Valorizar o perguntar: ver a crítica de forma positiva (perguntas estimulam o pensamento).
- Dividir experiências em que as vivências foram satisfatórias e/ou traumáticas em relação a si mesmo.
- Oferecer espaços onde o brincar/jogar seja possível (inclusive para os adultos).
- Criar vínculos solidários com pessoas de várias gerações, bem como entre o ensinante e o aprendente.

- Quem ensina também aprende. Quando posso ensinar potencializo meu raciocínio lógico, minha memória de trabalho em grupo.
- Valorizar o que está sendo ensinado e ter consciência da utilidade do que está aprendendo.
- Dar tempo para a assimilação. Cada sujeito tem o seu tempo, não compare as pessoas.
- Treinar o que aprendeu: aperfeiçoamento vem com o treinamento.
- Relacionar e comparar o que está aprendendo com o seu dia a dia.
- Compartilhar experiências, elas contribuem para o processo ensino-aprendizagem, porque promovem situações de otimismo, bem-estar e felicidade.

Cérebro

O segredo para potencializar nossas aprendizagens é fazer as partes do nosso cérebro trabalharem juntas, isso chama-se integração.

As bases da neurociência foram abaladas quando descobriram que o cérebro se modifica fisicamente durante toda a vida e não apenas na infância. Portanto, podemos dizer que o cérebro é plástico, moldável.

Pois bem, então, o que molda nosso cérebro?

A experiência.

Assim, é certo que podemos reprogramar nosso cérebro, não precisamos ficar reféns de um único modo de estratégia de pensamento. Use isso a seu favor.

Como isso funciona?

Nossos neurônios, que são nossas células cerebrais, entram em atividade ou disparam quando passamos por uma experiência. O que determina nossa atividade mental são os circuitos específicos ativados naquele momento. Os neurônios disparando juntos originam novas conexões entre si, que, ao longo do tempo, conduzem a uma reprogramação do seu cérebro.

Isso é maravilhoso!

Significa que você tem a escolha de reprogramar seu cérebro para ser mais feliz, saudável e próspero.

Seu raciocínio, sua percepção de sons e imagens, seu pensamento estratégico e sua abstração serão determinados de acordo com suas experiências.

A psicologia do desenvolvimento sugere que tudo o que você vivencia interfere no desenvolvimento do seu cérebro: a música que você ouve, o filme que assiste, as pessoas com quem conversa, o que lê, seus relacionamentos. As vivências ajudam seu cérebro a trabalhar de forma integrada. Portanto, seja criterioso com suas escolhas.

Qual a vantagem de ter um cérebro integrado?

Melhora o controle do corpo e das emoções, aprimora suas decisões, sua compreensão torna-se mais completa, obtém-se sucesso nos estudos, relacionamentos mais fortes e seguros.

Sabendo disso, ofereça a si e às pessoas com quem convive experiências que proporcionem crescimento pessoal, social e familiar.

Por que aprender sempre?

O cérebro precisa estar em forma e ser exercitado como qualquer músculo do seu corpo. Cuide bem dele, sua qualidade de vida depende da sua saúde mental.

A ociosidade pode ocasionar transtornos ou doenças, como a ansiedade, a depressão e o mal de Alzheimer. Quando você aprende coisas novas trabalha sua memória semântica e a de curto e longo prazo, postergando ou evitando doenças e transtornos.

Seu desempenho profissional será próspero. Cérebro integrado e exercitado proporciona raciocínio, produtividade e estratégias mais seguras.

Pessoas prósperas são aquelas que buscam conhecimento e experiências, geralmente dedicam-se a aprender.

Dicas para promover sua aprendizagem

Aprenda sempre coisas novas. Não precisam ser extensas, podem ser simples e práticas do dia a dia, assim será estimulado a pensar ativando suas conexões neurais.

- Pense na prevenção e não espere o problema surgir.
- Busque recursos em cursos livres não necessariamente ligados à sua profissão. Faça algo que lhe dê prazer: dançar, estudar línguas, trabalhos manuais.
- Atualize-se sempre, novos desafios geram novas conexões neurais, mantendo você conectado.
- Treine sua concentração e atenção, elas têm um papel importante no processo de aprender. Existem técnicas que podem ajudá-lo.
- Estabeleça metas, assim ficará mais focado e concentrado no seu objetivo.
- Faça *feedbacks*, não se defenda dos próprios erros, transforme-os em aprendizagens e veja o lado positivo.

- Utilize técnicas para estudar: leituras, resumos, vídeos, grupos de estudo. Técnicas ajudam na capacidade de memorização.
- Organize seus conteúdos em ordem de complexidade e prioridades e concentre-se em um de cada vez.
- A memória se consolida durante o sono. Cuide do seu sono e durma bem.
- Busque um profissional caso sinta necessidade, pedir ajuda não é fraqueza, é sinal de maturidade.

Errar é bom ou ruim?

Como você encara os seus erros e os das pessoas com quem convive?

Este é um ótimo momento para você, leitor, refletir sobre crenças e conceitos importantes para ressignificar e/ou direcionar seu processo de ensino-aprendizagem.

Segundo Piaget, as diferentes respostas de uma criança não são erros, são vistas como outra modalidade e lógica diferentes de uma modalidade adulta. E um adulto quando erra? A resposta é sua!

O processo de aprender envolve tentativas, hipóteses e levantamento de suposições. As pessoas naturalmente erram em suas tentativas. A partir do momento em que seja feita uma reflexão sobre o erro, ele passa a funcionar como elemento formador do conhecimento.

Quando você está em processo de aprender algo, cria expectativas, gasta energia; quando se depara com o erro surge a frustração. A forma como administra suas emoções pode te deixar mais forte e capacitado para lidar com as situações. Consequentemente, a frustração causada pelo erro ajuda a formar pessoas resilientes e com empatia. O erro ajuda a crescer.

Sugiro que encare o erro como uma retomada, dando sempre o próximo passo de forma mais assertiva, pois o errar faz parte do aprender.

Abrace seu erro com carinho e transforme-o em aprendizagem.

O que fazer com tantas informações?

Permita-se mergulhar no seu pensamento sem julgamento; observe-se e tenha a certeza de que essa prática torna-se necessária para prosperar como indivíduo. Você sentirá satisfação ou frustração, emoções que pertencem ao processo do seu desenvolvimento. Administre suas emoções.

Daeyeol Lee, professor de neurociência, diz que "Nós só aprendemos quando há incerteza, e isso é uma boa coisa".

Divirta-se com o seu saber, seja leve, ria dos erros, aprenda e ensine; essa troca pode ser relevante para todos os envolvidos.

Assuma o controle do seu processo de aprendizagem, faça boas escolhas e, acima de tudo, **aprenda a aprender**.

Referências

FERNÁNDEZ, A. *A inteligência aprisionada*. Porto Alegre: Artmed, 1991.

FERNÁNDEZ, A. *Os idiomas dos aprendentes*. Porto Alegre: Artmed, 2001.

LUGONES, S.; LUNA, S. Como aprendemos los docentes. *Revista El Árbol*, Buenos Aires, 1999.

POGRÉ, P. *O ensino para a compreensão: a importância da reflexão e da ação no processo ensino-aprendizagem*. Vila Velha, ES: Hoper, 2006.

8

SAÚDE MENTAL E EMOCIONAL DA MULHER

Neste capítulo, buscaremos desenvolver um olhar mais empático e diferenciado para as demandas que a mulher enfrenta no seu cotidiano. Destacamos a sobrecarga mental: quem cuida de quem cuida? Ressaltamos a importância de se investir em ações voltadas à manutenção do bem-estar mental, criar redes de apoio, trabalhando a prevenção, e desenvolver políticas públicas voltadas para essa temática.

ELAINE MIRANDA

Elaine Miranda

Pedagoga graduada pela Uninter (2012) com pós-graduação em Psicopedagogia Clínica e Institucional (Centro Universitário Braz Cubas). Coordenação pedagógica (PUC-SP), pós-graduação em Autismo e Deficiência Intelectual, Educação Especial e Inclusiva, Gestão Escolar. Pós-graduação em Análise do Comportamento Aplicada (ABA) e Intervenção precoce no Autismo. Possui diversos cursos na área de desenvolvimento infantil, facilitadora do curso de Acompanhante Terapêutica e *coach* parental. *Coach* pela EHumanas. Certificação Profissional (ESDM) do modelo Denver de intervenção precoce no autismo (Instituto Farol). Atua como terapeuta de crianças com autismo e supervisora. Coordenadora editorial do livro *Educação inclusiva e a parceria da família: uma dimensão terapêutica*, coautora do livro *Ampliando olhares*, com o tema "Esperança para os que perderam a esperança". Seu diferencial é ser mãe, uma profissional apaixonada pelo que faz, trabalhar com desenvolvimento infantil, cuidar de quem cuida, fazer a diferença no mundo. Existem mulheres fortes e as que ainda não descobriram sua força.

Contatos
Instagram: @elainemirandaautismo
Facebook: elainemiranda

Aprendemos desde muito cedo a sermos perfeitas. Refiro-me a padrões de beleza e comportamentos impostos pela sociedade. Desde crianças somos cobradas a nos vestir impecavelmente, com cabelo arrumado, comportar-se de maneira recatada e quieta, sempre ouvindo "tenha modos, você é uma menina", "fecha as pernas", "parece moleque, que não para". Já somos treinadas pelas nossas mães desde cedo a ajudar nos afazeres domésticos, brincar de boneca, de casinha, sempre para servir o outro. Enquanto isso, o irmão se diverte, não sendo cobrado de nada. Mas já começamos a mudar esse padrão levado de geração em geração, em que somente as mulheres devem fazer de tudo e ser multitarefa, pois cabe a nós, mães de menino, ensinar o cuidado com seus pertences e com os afazeres domésticos. Precisamos reeducar os meninos para que as próximas gerações possam viver com mais tranquilidade em relação à carga mental que nós, mulheres, carregamos. Sendo assim, toda a sociedade só tem a ganhar com essas mudanças de paradigma.

Infelizmente não fomos educados para gerenciar nossas emoções. Toda escola, a partir da educação infantil, deveria ter no plano pedagógico a disciplina de educação emocional. Cada vez mais fica evidente o quão necessário é falar sobre as práticas que as pessoas têm voltadas para esse tema. É possível perceber a dificuldade dos jovens de forma geral, como em solucionar conflitos nas mais diversas situações, principalmente quando o foco é o ambiente escolar. Crescemos ouvindo contos de fada, em que a princesa vai se encontrar com o príncipe encantado em um cavalo branco, casam-se e vivem felizes para sempre. As histórias são lindas, mas criam expectativas além daquilo que de fato é real. Ao chegar na adolescência, saímos da escola sem perspectiva de vida, pois não fomos incentivadas a sonhar e a buscar uma vida de oportunidades.

Agora vamos falar sobre a carga emocional que carregamos no decorrer da vida quando nos deparamos com a demanda da administração de um lar: casa para limpar, quintal, roupa para lavar, dobrar e passar, compras de mercado, comida para fazer, crianças para cuidar, banho, brincar, ficar de olho no material escolar para não faltar nada, preparo do lanche, reunião escolar, verificação da agenda, ter escuta ativa para os filhos, estar linda e cheirosa para o marido, ter tempo de ir ao salão de beleza, ir na esteticista, frequentar uma denominação religiosa, praticar exercício físico, fazer dieta, sorrir a todo momento estando disposta e disponível a todos. Mulher enfrenta dores da cólica menstrual, sofre com a dor do parto, está propensa a depressão pós-parto, amamenta e seus seios racham e sangram, mas por amor ao seu filho aguenta tudo.

Ei, psiu! Mulher, você não precisa dar conta de tudo e está tudo bem. Cobre-se menos. Reserve um tempo só para si. Olhe-se no espelho, valorize-se, arrume-se para si. Assim não vai querer mendigar amor de ninguém. Orgulhe-se do mulherão que se tornou. Orgulhe-se, autoamor é reconhecer suas falhas e mesmo assim se tratar com respeito e admiração.

Com qual frequência você se presenteia? Coisas simples como um simples café em um lugar aconchegante, ouvir sua música predileta sem outras distrações, praticar exercícios físicos que te tragam prazer, fazer uma caminhada ou dança, uma hidratação nos cabelos, uma maquiagem, manicure, e não estou dizendo ir ao salão de beleza toda semana, mas permita-se ou faça você mesma em casa. Só não dá para ficar arrumando desculpas. Fazer uma coisa de cada vez, mas com excelência. Seja sua melhor companhia. Mulher que está em dia com seu amor próprio não quer guerra com ninguém. Podemos maximizar nosso tempo seguindo uma rotina de tarefas, uma mudança para hábitos saudáveis para termos mais qualidade de vida.

É urgente desenvolver políticas públicas a respeito da saúde mental e emocional da mulher. Quando nasce uma mãe, nasce uma culpa. Ninguém é preparada para a maternidade, está tudo muito romantizado escondendo a real verdade do que nós, mulheres, enfrentamos no nosso dia a dia. É de extrema importância fazer um trabalho mais efetivo com as mulheres, mas isso é necessário ainda no período da vida escolar. Porém, vamos falar do que é real, não do ideal, pois o trabalho nas escolas já depende do poder público e não é interessante a eles neste momento, pois mulheres pensantes mudam o mundo, já que começam a partir dos seus filhos. E assim temos uma nova geração que é capaz de fazer uma transformação em nossa sociedade.

Você tem olhado para si? Tem se tratado com carinho? Precisamos desenvolver amor próprio, mas o que seria esse amor próprio? Antes de amar ao próximo, ame a si mesma. Se você não fizer isso, quem fará? Valorize-se, não é egoísmo pensar em si em primeiro lugar. Priorize-se. Devemos estar bem para cuidar do outro. A vida não foi feita para ficarmos nos lamuriando. Isso apenas nos atrasa e nos paralisa. Coloquemos nossas lentes da gratidão e saiamos do vitimismo. Paremos de colocar a culpa nos pais; eles fizeram o que era possível naquela época. Fizeram o melhor nas mínimas condições que tinham. Libere perdão a seus pais. Honre seus antepassados. Feche ciclos. Chega de reclamar. Passado não volta. O futuro é incerto e só temos o dia que se chama hoje. Vá lá e faça acontecer, pois só depende de uma única pessoa e é você. Traga para sua vida a autorresponsabilidade. Chega de arrumar culpados por tudo que não deu certo na sua vida. Se algo aconteceu e você não queria, veja até onde permitiu que isso ocorresse. Aprendamos a dizer não sem dar explicação. Quantas vezes dizemos sim a outras pessoas por medo de magoá-las e esquecemos de nós mesmas? Organize-se. Quem não tem agenda vira agenda dos outros.

Você já se perguntou o que te faz feliz? Não nos ensinaram a olhar para dentro e sim para o externo, e olhando para fora sempre vibramos na falta; e isso nos leva a um vazio na alma. E somos acometidas por tantas doenças psicossomáticas, entre elas a ansiedade, a síndrome do pânico e a depressão. É o que mais tem acometido as mulheres. Ainda falta muita informação a respeito da depressão, que por sua vez é a causa mais comum em suicídios consumados. Depressão é tratável e suicídio pode ser prevenido. Segundo pesquisa na Revista *Veja* de junho de 2019, os brasileiros são os mais ansiosos do mundo, classifica a OMS. É alarmante. A saúde mental foi negligenciada por muito tempo. O tema precisa ser abordado com mais frequência, já que é uma questão que diz respeito a todos nós. Não podemos permitir que o estigma afaste as pessoas da ajuda de que precisam. Não há saúde sem saúde mental.

Vivemos na era digital, que nos trouxe inúmeros benefícios, mas também o mundo da ilusão se manifesta. Um exemplo são as redes sociais, que só costumam mostrar momentos felizes. É uma foto mais linda que a outra, mas ninguém mostra a dor e a carga emocional que muitas mulheres sofrem. Elas se julgam o tempo todo por aquilo que não saiu conforme o esperado. A falta de parceria dos cônjuges traz frustração e tristeza. Só amor não paga conta; responsabilidades devem ser divididas.

A luz incomoda quem está no escuro. Elimine da sua vida pessoas tóxicas que não acrescentam em nada em seu desenvolvimento. Se não está feliz com o que está fazendo, mude, mas com consciência e planejamento. Só assim poderá desfrutar de uma vida extraordinária.

E falando de saúde mental e emocional das mulheres, não posso deixar de mencionar um pouco sobre meu trabalho. Sou terapeuta de crianças com TEA (transtorno do espectro autista) e apaixonada pelo que faço. Entrego o meu melhor para as crianças que atendo, mas sabemos que o diagnóstico de um transtorno no neurodesenvolvimento, como o do espectro autista, implica mudanças no âmbito familiar, especialmente na vida da mãe, a principal cuidadora, a qual sente diretamente os impactos e a sobrecarga resultantes da dependência constante do filho, tornando-se alvo de maior estresse. Faço um projeto voluntário. Criei um grupo de apoio às mães autistas e uma vez ao mês nos reunimos para uma roda de conversa, na qual abordamos temas relacionados. Cada mês é um profissional e sempre levamos mães que compartilham seus desafios e vitórias, encorajando umas às outras. O objetivo é o acolhimento dessas mães, ter uma escuta ativa, levar informação, conscientização e dicas de como podem ajudar seus filhos em casa, pois a maioria não tem condições de arcar com horas de terapia. Almejamos levar empoderamento às mães, resgate da sua identidade como mulher, ser bálsamo na vida dessas mãezinhas.

É segurar nas mãos, olhar no fundo dos olhos e dizer: "Você não está sozinha", simples palavras, mas que têm um grande impacto. Não há como falar das crianças sem falar das mães que elas têm. O milagre é o que a mãe de um autista faz. Elas são pessoas que lutam e que fazem acontecer e muitas vezes, independentemente da situação, a maioria sozinhas. São pessoas que precisam de apreciação e de cuidados. Elas acabam renunciando sua vida em prol do seu filho. Já existem estudos falando da incidência de divórcios ao receber o diagnóstico, pois muitos maridos acabam indo embora, já que não aguentam o estresse causado pela rotina excessiva das demandas apresentadas.

Estamos falando da saúde mental das mulheres, mas quando se trata de filhos, ainda mais com autismo, toda a família precisa de cuidados. O pai, por sua vez, precisa ser o apoio da mulher, mas homens também enfrentam suas lutas internas. Por esse motivo, também no atendimento às famílias desenvolvo um trabalho chamado de *coaching* parental, uma técnica especializada em treinar os pais a estimular seus filhos com base em um método científico. O grande objetivo do processo terapêutico é dar treinamento e suporte aos pais, pois são eles que colocam em prática o trabalho sob supervisão dos profissionais e, por isso, as estratégias devem ser para a criança, uma vez que o autismo não pode roubar essa infância. As estratégias devem ser inseridas nas atividades cotidianas e nas rotinas familiares, sempre proporcionando prazer e diversão, além de todo o apoio emocional que devemos dar aos pais, criando rotinas em que o casal possa desfrutar da companhia do outro saindo um pouco do foco o autismo. E assim poder dar conta do recado, pois não é uma tarefa fácil. Os pais podem desempenhar um papel muito importante no desenvolvimento dos seus filhos, contribuindo para estimular a sua capacidade de aprendizagem. Em geral, a maioria das pessoas, ao se deparar com a sobrecarga mental e emocional, recorre à automedicação, trazendo consequências indesejáveis. É recomendado sempre buscar ajuda de um profissional habilitado; a medicação é uma aliada no tratamento.

A conta não fecha, a mãe acaba cuidando de tudo e de todos. Quem cuida precisa de cuidados. Quem ama precisa ser amado. Quem acolhe precisa ser acolhido. É preciso reciprocidade para que a balança emocional tenha equilíbrio, pois em desequilíbrio faz perder o controle de si e do outro. Amor é prerrequisito, o que devemos ter agora é técnica; desenvolver a empatia e, assim, ter uma sociedade mais consciente da necessidade de saúde mental e emocional das mulheres. Não se esqueça de que você é incrível.

Cuide-se com amor!

Referências

GOLEMAN, D. *Inteligência emocional: a teoria revolucionária que redefine o que é ser inteligente.* Rio de Janeiro: Objetiva, 2012.

ORGANIZAÇÃO DAS NAÇÕES UNIDAS. *ONU pede mais esforços de prevenção ao suicídio.* Disponível em: <https://www.revistaveja.com>. Acesso em: jun. de 2019.

SALLY, J. R.; DAWSON, G.; VISMARA, L. A. *Autismo: compreender e agir em família.* Lisboa: Lidel, 2015.

9

CORAGEM DE SER E LIDERAR

Há muitas pessoas que admiram a posição de líder e quando ainda não são desejam obtê-la, seja na família, na comunidade, nos negócios etc. Neste capítulo trago algumas dicas de liderança. Pois há muitos desafios nesse percurso, embora seja gratificante. O aprendizado é contínuo. O líder sempre estará um passo à frente de seus liderados.

FRANCISCA MAGALHÃES

Francisca Magalhães

Engenheira química, especialista em gestão de negócios e emoções, empreendedora social, escritora, consteladora, *master coach* e *practitioner* em PNL. CEO da Firenze Eventos e Assessoria. Cofundadora do Instituto Virtutis. Atua com desenvolvimento humano/*coaching*, palestras e treinamentos. Potencializa mudança de comportamento com treinamentos. Cursou Engenharia Química e especializou-se em Gestão Empresarial e Empreendedorismo pela Universidade de Mogi das Cruzes. Fez curso de Palestrante e Alta Performance pelo Instituto Gente com Roberto Shinyashiki, Practitioner em PNL pelo Instituto Paulista de PNL, Coach pelo IAPerforma, Master Coach pela EHumanas e Constelação Familiar pelo Instituto Brasileiro de Psicanálise Clínica. Trabalhou em empresas nacionais e multinacional. Liderou produção e laboratório. Foi responsável técnica, distribuidora de cosméticos, implantou sistema da qualidade e cuidou de assuntos regulatórios. Também realiza organização de eventos e assessoria.

Contatos
www.franciscamagalhaes.com
franciscamagalhaes@yahoo.com.br
11 99697-2297

Quem é você? Qual é sua essência? Você acredita que influencia pessoas e que isso caracteriza um líder? Certa vez, ouvindo essas perguntas, me questionei: Quem sou eu? Como posso liderar? Se você também se questiona assim, penso que tem a resposta e provavelmente ainda não percebeu, pois há talentos para os quais não damos importância e outros que supervalorizamos.

É verdade que há situações desafiadoras, e por vezes gostaríamos de esquecer, mas elas fazem parte e devem ser reconhecidas no processo de desenvolvimento. Mesmo que pareçam esquecidas para nós, elas podem surgir na figura de pessoas, anotações, objetos, fotos ou simplesmente lembranças. E se o resultado que tivemos não foi o desejável, vale lembrar que boa parte do que nos aconteceu quase sempre é fruto de nossas escolhas. Entender isso é saber que agimos na intenção de acertar.

No passado, fizemos o melhor que podíamos com as condições que tínhamos. Olhar para isso medindo os resultados traz uma grande chance de fazermos melhor no presente. É como diz Mario Sérgio Cortella: "Faça o teu melhor, na condição que você tem, enquanto você não tem condições melhores, para fazer melhor ainda!" Ter histórias para contar é uma Dádiva.

Atualmente, é fácil conhecer um pouco das pessoas por meio das redes sociais. No entanto, é uma visão superficial, já que frequentemente se mostra apenas o lado "feliz" ou aquilo que se quer mostrar. E onde se encontra "o verdadeiro eu", a essência?

Analisando mais, percebemos que em uma reunião com estranhos ou em processo seletivo, quando se pede para alguém falar sobre si, geralmente a pessoa até suspira profundo, por não saber se descrever. Profissionais especializados, em curto tempo, identificam as características de cada um. Não há como mascarar a "essência".

Isso faz sentido para você? Se sim, convido-lhe a olhar para si. Observe-se no seu modo de ser. Identifique suas necessidades e valores. O que te impele a fazer o que faz e ser como é? Visualize honestamente sua vida como um todo e identifique as razões que te movem. Talvez uma inquietação lhe acompanhe e você não consiga entender de onde vem. É como no documentário "O Código Bill Gates", da Netflix. Desde a infância, Bill carregava consigo uma inquietude que o fez criar um movimento, levando a caminhos pouco imaginados na época e que transformaram o mundo. Talvez seja porque ele é um gênio! Mas você concorda que tudo é possível se desejamos, de fato, conquistar um objetivo?

Se dominarmos alguns conhecimentos, é possível observar certas pessoas e seguir seus exemplos. Talvez não tenhamos a mesma habilidade, mas certamente nos fará buscar o que queremos. É o que se chama na PNL (Programação Neurolinguística) de modelagem. Aprendemos modelando/imitando outras pessoas. Aprendemos também que é importante entender que, se algum modelo é grande demais para nós, arquive-o e volte a procurá-lo assim que necessário. Por exemplo, uma criança, mesmo modelando um adulto, ainda tem uma estrutura de criança e provavelmente não aguentará fazer ou ser como adulto.

Recentemente, em uma viagem pela Alemanha, observei o quanto eles mantêm vivos os modelos de sucesso. Isso certamente serve de referência para os mais jovens e oferece caminhos para que não se repitam erros de outrora que afetaram muita gente. Situações como essas são inspiradoras para seu povo e para quem os visita.

É fato que muitas vezes trilhamos caminhos diversos em busca de algo que não sabemos. E é certo que nos perdemos nessa busca. No entanto, haverá momentos de pausa que devemos utilizar para nos observar. E eis que surgem várias respostas. Com isso, compartilho uma metáfora:

Em uma família de camponeses, em uma cabana no meio de plantações, nasceu Mel, a sexta criança daquele lar. Ela crescera e carregava em si um brilho que deixava todos admirados. Pouco tempo depois nascera outra garotinha ocupando o lugar de caçula. Os membros da família pouco perceberam, mas Mel, que era muito ligada à mãe, tivera o vínculo afetivo parcialmente interrompido com a chegada de mais um bebê. E dali surgiram várias competições, em parte por marcações de território ou definição de personalidade. Passaram-se os anos e Mel continuou se destacando, essa era sua essência. Em tudo o que se propunha a fazer ela era bem-sucedida e inspirava outras pessoas. Talvez somente ela não percebia. Após anos de experiência, Mel se deu conta de que passou toda a vida em busca de si mesma e se encontrou após se reavaliar. Todos os recursos de que ela precisava estiveram sempre presentes, só mudavam os desafios. Com essa constatação, ela passou a valorizar cada oportunidade e pessoa de sua vida e se tornou a pessoa mais abundante e próspera daquele universo. Talvez ela nascera líder ou aprendeu a ser uma. Mas na realidade temos de ter coragem de fazer escolhas.

A decisão

Decida ser quem você quer ser, de preferência que influencie positivamente a vida das pessoas. Acorde cedo focado no que fazer no dia, escolha ser feliz, evite reclamar por causa do clima, ausência de dinheiro e procure administrar suas finanças, como também agradeça por seu trabalho. Valorize seus pais, cuide da saúde e seja grato pela vida que lhe foi dada. Seja grato a Deus por ter uma casa, família, amigos e desafios. É como disse Charles Chaplin:

> Hoje levantei cedo pensando no que tenho a fazer antes que o relógio marque meia-noite.
> Minha função é escolher que tipo de dia vou ter hoje.
> Posso reclamar porque está chovendo ou agradecer às águas por lavarem a rua.
> Posso ficar triste por não ter dinheiro ou me sentir encorajado para administrar minhas finanças, evitando o desperdício.
> Posso reclamar sobre minha saúde ou dar graças por estar vivo.
> Posso me queixar dos meus pais por não terem me dado tudo o que eu queria ou posso ser grato por ter nascido.
> Posso reclamar por ter que ir trabalhar ou agradecer por ter trabalho.
> Posso sentir tédio com o trabalho doméstico ou agradecer a Deus por ter um teto que abrigue minha família e meus pertences.
> Posso lamentar decepções com amigos ou me entusiasmar com a possibilidade de fazer novas amizades.
> Se as coisas não saíram como planejei, posso ficar feliz por ter hoje para recomeçar.
> O dia está à minha frente, esperando para ser o que eu quiser. E aqui estou eu, o escultor que pode dar forma ao meu dia e ao mundo.
> Tudo depende só de mim.

Considera-se que todos temos o poder de dirigir nossas vidas e, só depois, podemos liderar algo. Nem sempre isso é opcional, porém pouco questionamos se estamos preparados, pois quando nos tornamos líderes, devemos tomar decisões que trarão resultados eficazes ao grupo.

Assim, podemos dizer que um líder não acontece de uma hora para outra. Na verdade, é a junção da experiência de vida, tendo a responsabilidade de passá-la aos seus liderados, assim como fazemos ao dar continuidade à herança de nossos pais. Essa é uma decisão pessoal e intransferível. Podemos aceitar, mas temos liberdade de desistir.

É uma escolha.

É importante saber que nas decisões há resultados que talvez não sejam os desejados, mas são pautados no caráter, conhecimento e sabedoria: a base necessária para as ações de um líder.

E em quem nós nos espelhamos como exemplo de líder? Todos sabemos que o maior exemplo de liderança é **Jesus**. Foi Ele que, melhor que qualquer outra pessoa, soube liderar servindo. Foi assim que Ele ensinou seus discípulos utilizando o conceito de liderança servidora. Como seria hoje se os discípulos de Jesus não tivessem praticado seus ensinamentos?

Por isso, tão importante quanto uma formação técnica, treinamento ou ler sobre o assunto é colocar em prática o que se aprendeu e mensurar resultados. Pois, com base em estudos, sabe-se que um ano após um treinamento, sem colocar em prática, lembramos apenas em torno de 10% do que aprendemos. O intuito é fazer com que o líder antecipe ou crie cenários favoráveis ao seu trabalho, conforme as características:

- Coragem e autodeterminação.
- Traçar metas, com prazo pré-estipulado.
- Montar e trabalhar com a equipe.
- Direcionar atividades, explorando a qualidade de cada um.
- Supervisionar com diplomacia.
- Ser transparente.
- Não deixar problemas intermediários atrapalharem o objetivo final.
- Estimular a equipe a buscar novos conhecimentos.
- Aceitar e aproveitar críticas.

Liderando uma equipe

Observando várias lideranças e com base na minha experiência, pude constatar que o líder pode até ter intenção de ser amigo, mas, em pouco tempo, percebi que ele na verdade precisa proporcionar a liderança necessária, com foco, limites, amor, *feedback* e disciplina, ou seja, o que a equipe precisa para ser a melhor. Nesse caso, a liderança deve sempre fazer boa gestão de suas emoções, muitas vezes esquecendo o autoritarismo, o paternalismo ou insegurança, para assim se tornar a liderança ideal, inspiradora, usando toda a experiência de sua vida.

O líder deve entender que a equipe precisa ser sempre treinada para que seja focada e produtiva. Direcionamento leva ao êxito. Muitas vezes encontramos em nosso grupo pessoas agitadas, impulsivas, perdidas. Sabemos que cada pessoa tem um histórico de vida e perfis comportamentais diferentes do nosso. Porém, devemos resgatar o que há de melhor nelas, em busca de resultados positivos. Daí a importância de termos objetivos claros enquanto liderança e compartilhar com a equipe.

Frequentemente a equipe levará problemas aos líderes, mas quando bem orientada, ela mesma apresentará a solução. Isso me faz lembrar meu antigo chefe, que sempre dizia que "quando alguém nos apresenta um problema, é certo que tem pelo menos uma solução. Por isso pergunte como ela resolveria tal desafio". Daí a importância de trabalhar a criatividade da equipe, motivando-a a ser autoconfiante. Foi exatamente dessa forma que consegui montar os procedimentos operacionais com uma equipe masculina de uma produção bastante desafiadora.

Todos os liderados entenderão da mesma forma? Não, mas a experiência me mostrou que o que está em nosso entorno faz parte de nosso sistema. E se descartamos alguém ou algo, mais tarde nos deparamos com situações parecidas e mais complicadas. Portanto, é interessante que o líder perceba tal situação e minimize as perdas. Assim, se algo ou alguém não se adaptar, ele mesmo sairá do sistema.

Potencializando a equipe

A liderança, tal qual sua equipe, tem problemas diversos. Por isso, em primeiro lugar, é importante que ela se permita a atividades que lhe tragam bem-estar, como exercícios físicos, meditação, descontrações com amigos, viagens etc. O mesmo cabe à equipe. Em segundo lugar, deve-se acreditar no potencial de sua equipe. Em terceiro lugar, ser grato pelos resultados. Tudo faz parte do desenvolvimento. Se não deu certo no primeiro momento, continuamos. Só assim encontramos excelência.

A hierarquia

Além de ter conhecimentos técnicos/teóricos, o líder deve ter desenvoltura para lidar com problemas diversos. Sabendo delegar as tarefas, pois sozinho não terá resultados. Até porque é com ajuda da equipe que se amplia a visão em busca de solução.

É importante ressaltar que o líder deve trazer para si apenas problemas que envolvem maiores riscos e menores prazos. Isso o deixa menos centralizador e a equipe sente-se desafiada a apresentar resultados. E é completamente saudável para a equipe porque lhe traz satisfação.

Comparo um bom líder com um profissional de *coaching*: disponibiliza conhecimentos ao alcance da equipe em prol do crescimento. Mas não dá todas as respostas mesmo que as tenha. Ele estimula a equipe a encontrar as respostas. Ele prepara seu time para ser forte, aumentando assim o seu poder. O bom líder cria mais líderes. Novamente nos atentamos ao exemplo de **Jesus** e no que Ele transformou seus discípulos.

Liderando com autoridade ou poder

O líder tem a opção de comandar com autoridade ou poder. Em muitos casos encontramos liderança à base do poder. Isso funciona até onde ele pode obrigar, seja por meio da posição ou força; mas no momento em que perder isso, perde a influência também. Então, o mais interessante é comandar com autoridade. Um exemplo claro é quando um pai corrige o filho, mostrando-lhe que só ele colherá os resultados de suas ações, sejam boas ou ruins. O filho nunca esquecerá disso, mesmo seu pai não existindo mais.

Quem nunca conviveu com alguém cujos conselhos têm grande valor para aquilo que se deseja? Esse é um líder com autoridade, ele nos influencia fazendo-nos mudar de ideia. Portanto, os líderes devem se espelhar em pessoas assim. O líder deve aprender a influenciar pessoas e não obrigar, pois assim sua equipe desenvolverá qualquer trabalho de bom grado. Por isso, é fundamental que ele tenha autoconhecimento e também conheça o perfil comportamental de sua equipe. E que entenda que o líder deve dar suporte à sua equipe, delegando tarefas e monitorando frequentemente. Jamais largando seus liderados.

Porém, não podemos nos esquecer que às vezes se faz necessário o uso do poder para atender à organização que servimos.

Assim, concluo e espero ter colaborado.

10

UM ABRAÇO MÁGICO QUE TOCA A ESSÊNCIA HUMANA

Existem várias formas de transformar o estado da pessoa por meio do abraço, mas precisamos entender que ao abraçar você precisa ser verdadeiro, e assim poderá curar as mazelas da alma, do corpo e da mente. Abrace as pessoas que ama, mas abrace também aquele desconhecido que o despertará e o tocará em sua essência.

JOYCE VIEIRA MARTINS DOS SANTOS

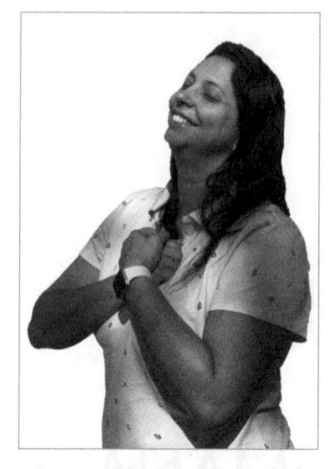

**Joyce Vieira Martins
dos Santos**

Mestre em Engenharia Biomédica pela UMC (2014); Mestre em Taekwondo, faixa preta 5º Dan – LNT; pós-graduada em Gestão Esportiva pelo CUC (2011). Pós-graduada em Capacitação em Educação Especial pela UMC (2010). Graduação em Educação Física – bacharelado pela UMC (2010). Graduação em Educação Física – licenciatura plena pela UMC (2009) e graduação em Gestão de Turismo e Hotelaria pela UMC (2002). *Master* em Desenvolvimento Humano pela EHumanas (2019), formada em Hipnose Clínica pelo Instituto Lucas Naves (2020). Atualmente, é coordenadora e professora no Ensino Superior – FCNM; mestre de Taekwondo e defesa pessoal, diretora da equipe Joyce Taekwondo e Para-Taekwondo de Mogi das Cruzes e Biritiba Mirim. É pesquisadora e colaboradora em Lutas, Didática e Educação Especial pela FCNM. Palestrante e facilitadora em eventos, cursos e congressos na área comportamental, cultura corporal de movimento, lutas e *coach* esportiva.

Contatos
joycevmartins@gmail.com
joycevm@ig.com.br
11 97461-4356

Desde os primórdios da humanidade o contato físico sempre se fez necessário, precisamos um do outro para evoluirmos. Esse contato físico pode ser manifestado de diferentes formas: em um aperto de mão, colocando a mão sobre o ombro, um beijo no rosto, um deitar no colo, um carinho na face, um cafuné, um abraço, entre outros. O conviver e o acolher nos permite trocarmos energias o tempo todo, e assim podemos sentir o outro por meio de sua essência.

Ultimamente, ouvimos falar tanto de essência, que por anos foi debatido dentro da filosofia. Mas afinal, qual reflexão podemos fazer para melhor compreender a essência humana?

De acordo com o dicionário, a essência constitui a natureza de um ser. Uma acepção mais importante, uma característica fundamental e de alto nível, tal como a essência da bondade humana. Segundo Platão, essência tem o significado do ser autêntico, percebido a partir do espírito que sobrepõe as percepções sensoriais, tornando-se habilitado para a reflexão do que é imutável em alguns aspectos da própria realidade. Já Aristóteles dizia que a essência é a reunião das características comuns e intrínsecas de cada ser.

Todos apresentam uma concepção de que a essência é única e autêntica e que cada ser tem dentro de si o melhor, que poderá ser usado para tocar o outro na mais pura e verdadeira forma de bondade humana, assim, potencializando sua essência.

O capítulo também propõe refletirmos sobre o que pode ser mágico. Nesse contexto específico, um abraço mágico. Mas vamos pensar de onde vem o termo mágico, e em seguida faremos as conexões entre o abraço mágico que toca a essência humana.

O dicionário descreve "mágico" como o que causa admiração, o que encanta e é maravilhoso. Na psicologia, sempre aconteceu um debate com a antropologia, no qual ambas falam que o pensamento mágico é uma tentativa de escapar às ansiedades e conflitos, enfim, aos desprazeres tanto do mundo externo quanto do interno. Augusto Cury tem uma frase que muito corrobora com o sentido de mágico. Ele diz que devemos fazer de cada momento uma viagem mágica. Então, podemos pensar que um abraço pode ser mágico ao tocar a essência humana, pois por essa manifestação corporal podemos encantar o outro com o que temos de mais maravilhoso dentro de nós, escapando dos conflitos e desprazeres que o mundo pode nos proporcionar.

Podemos começar a mudar nossa realidade com um abraço; aliás, podemos mudar a realidade do outro ao abraçá-lo. O abraço pode promover sentimentos positivos, deludir os mais duros dos corações e elevar a um outro nível os abatidos.

E o que mais um abraço pode provocar, causar e promover no outro? Quais são os efeitos, as sensações e as emoções que os abraços provocam em quem dá? E em quem recebe?

Cientificamente, já sabemos que um abraço produz hormônios do bem-estar, deixando-nos mais autoconfiantes, e ainda diminui a liberação de cortisol; ajuda a regular a pressão arterial; melhora a comunicação; aumenta nossa autoestima; eleva a sensação de segurança e, dessa forma, libera a oxitocina; ativa os receptores da nossa pele, entre outros.

De acordo com um estudo realizado pela Universidade Carnegie Mellon liderado por Sheldon Cohen, o abraço pode, da mesma forma que as vitaminas, nos manter mais afastados dos médicos. Vários estudos da psicologia estão analisando os efeitos de um abraço. Cohen e sua equipe decidiram estudar os abraços como exemplo de apoio social, pois esse gesto é um forte marcador para termos uma relação mais íntima e próxima com outras pessoas.

Eles descobriram que as pessoas com maior apoio social e que recebiam abraços mais frequentemente estavam mais protegidas contra o resfriado ou apresentavam sintomas menos graves da doença. Os abraços eram responsáveis por um terço do efeito protetor de apoio social.

Cohen também disse: "Isso sugere que ser abraçado por uma pessoa de confiança pode ser um meio eficaz para transmitir apoio, e o aumento de sua frequência pode ser um meio eficaz para reduzir os efeitos nocivos do estresse".

Isso significa que um abraço pode nos levar às sensações mais incríveis que podemos sentir. Existem terapeutas do abraço que acreditam que ele pode curar as dores mais profundas e que um abraço verdadeiro e cheio de amor toca a alma da pessoa.

"Mahatma Gandhi disse em um de seus discursos que todos nós possamos dar lugar ao abraço, ao afeto, a momentos significativos passados juntos de entes queridos." Cortella, em uma entrevista, disse como seria possível sentir a felicidade, e para ele, felicidade é sentir a vida vibrando em um abraço. Corroborando com a energia de um abraço, Jackselins Arteaga disse: "O abraço é algo grandioso. É a maneira perfeita de demonstrar o amor que sentimos quando não conseguimos encontrar a palavra exata."

Acontece uma energia mágica na troca de um abraço. Existem diferentes formas de abraço. Vamos refletir sobre algumas e o que elas podem promover.

- Há o abraço que cura. Esse abraço é dado com tanto amor e com uma vibração tão potente que a energia trocada é muito poderosa e faz o sistema imunológico do indivíduo se fortalecer, provocando sensações de bem-estar por meio da produção de hormônios como oxitocina, dopamina e serotonina.

- Há abraço que renova as energias. Ele é dado com uma vibração tão positiva que faz o indivíduo sair de uma zona de baixa autoestima e o transporta para um estado mais elevado, pois a pessoa que ofertou o abraço estava decidida a levantar o abatido, e acredite, esse abraço soa nos ouvidos de quem recebe. Levanta, eu acredito em você.

- Há o abraço amoroso. Esse abraço é dado com um dos mais valiosos sentimentos humanos e expressa uma verdade tão rica em detalhes que faz quem o recebe passar a se sentir acolhido na essência. Faz com que sejam substituídos os sentimentos amargurados, como o ódio, a raiva, a tristeza e a angústia. Coloca luz, paz e amor dentro dos nossos corações.

- Há abraço carinhoso. Esse abraço é dado com um sentimento de cortesia, de gentileza; toca o outro com suavidade, com afago, com toque de sutileza. Tem a capacidade de despertar o sentimento de plenitude, pois você está tocando na essência do outro com intensidade e ao mesmo tempo suavidade.

- Há abraço de irmão e amigo. Esse abraço é dado por uma pessoa que te entende, aceita e ampara. Tem a capacidade de tirar você da solidão, do abandono, da escuridão. Esse abraço te auxilia em novas descobertas e até em novas aventuras e, como consequência, te traz alegria e te faz sorrir.

- Há o abraço de mãe. Esse abraço é muito significativo em nossa essência, pois é o primeiro gesto de carinho que a maioria recebe ao nascer. Imagine o primeiro abraço que sua mãe te deu, o quão mágico foi quando ela te pegou e o envolveu em seus braços, te aproximou do coração e você sentiu a energia que nela habitava. Acredito que nesse momento fomos despertados para o amor, pois nos conectamos à nossa essência de uma forma tão profunda e verdadeira que passamos a usar esse abraço como um porto seguro.

• Há o abraço de filho. Esse abraço é tão importante como o de mãe, ele faz a união de energias que se completam. É um abraço que levanta seu pai e sua mãe nos momentos mais difíceis, é acolhedor e com um profundo sentimento de gratidão. Muitas vezes esse abraço diz o que seria em palavras: conte comigo, compreendo você e te aceito, amo você, pai, amo você, mãe.

• Há o abraço da compaixão. Esse abraço geralmente é dado em um momento delicado da vida, às vezes numa perda de um ente querido, ou numa mudança que causa um sentimento de desespero. Esse abraço, além de acolher e fazer acreditar que as coisas irão melhorar, trabalha também a empatia; você se coloca à disposição, compreende o momento e envolve a pessoa em uma energia de amor e companheirismo.

• Há o abraço de euforia. Esse abraço geralmente demonstra um estado de muita felicidade e alegria, e é preciso abraçar o outro para contagiar, dividir e espalhar essa mágica sensação. Você está em um momento pleno, tomado de sentimentos maravilhosos e sua energia está em grande expansão.

• Há o abraço apaixonado. Geralmente é dado entre duas pessoas que têm prazer juntas, prazer da companhia, do carinho, o afetivo sexual, de estar na mágica sensação de que aquele momento não deveria acabar. Esse abraço produz hormônios do prazer; ele te faz sorrir fácil, ficar sensível e com olhos irradiantes.

• Há o abraço de gratidão. Esse abraço emana uma energia maravilhosa. Você sente que foi agraciado com uma dádiva, e que aquele gesto transformou sua energia em algo muito melhor. A gratidão te traz a consciência de reconhecer e aceitar o que aquela pessoa te deu de bom, e a partir daí você devolve em energia positiva e com a vibração no amor e na paz de espírito.

Existem várias formas de transformar o estado da pessoa, mas precisamos entender que, no dom de abraçar, você pode curar as mazelas da alma, do corpo e da mente. Basta ser sincero, puro, verdadeiro e abraçar com a energia da sua essência. O abraço tem a função especial de acolher, de se conectar ao outro coração, é como se em palavras disséssemos "Olha, eu estou aqui. Você não está sozinho. Estou aqui pronto para te ajudar, para lutar ao seu lado e para juntos vencermos". Nesse momento, peço que reflita com as seguintes perguntas:

Você, que é mãe, já abraçou seu filho hoje? Você, que é pai, há quantos dias não abraça seu filho? Você, filho, qual foi o último abraço que deu em seu pai e em sua mãe?

Qual amigo você abraçou essa semana de forma pura e verdadeira? Quantos abraços de compaixão você deu quando alguém ao seu lado precisou? Você é capaz de reconhecer um bem feito a si? Consegue dar um maravilhoso abraço de gratidão e tocar a essência da pessoa? O que você tem a oferecer que não custa nenhum dinheiro?

Às vezes deixamos a correria do dia a dia nos tomar e não reconhecemos momentos que verdadeiramente valem a pena. Talvez você esteja tão ocupado em ganhar dinheiro que está esquecendo da sua essência humana. Ou quem sabe, seu ego, seu orgulho e sua vaidade tenham mais valor para si do que sua essência.

Vou lhes contar uma pequena história, na qual fui tocada por um abraço mágico e de grande poder de cura. Muitos foram os momentos nos quais fui tocada na essência por alguém que me deu um abraço que me acolhesse e com grande amor me colocasse em pé novamente.

Estava eu saindo de um mercado e comecei a guardar as compras no porta-malas. De repente, uma senhora me tocou e disse: "Boa tarde, tudo bem com você?" Logo respondi: "Tudo bem, e a senhora, está bem?" Ela respondeu que sim, muito bem. E me falou: "Preciso de sua atenção, tenho algo muito especial para te entregar". Vi que não havia nada em suas mãos, mas me coloquei à disposição dizendo: "O que a senhora precisa?" E ela me falou novamente: "Vim te entregar algo muito especial, mas preciso saber se você está disposta a receber, porque é algo muito valioso e só é dado com verdade no coração".

Confesso que naquele momento fiquei curiosa, porém, eu estava disposta a ajudá-la, pois ela aparentava ser muito carente. Quando, na verdade, carente estava eu naquele dia. Perguntei a ela: "O que de tão valioso a senhora tem a me dar nesse momento?" E ela abriu um sorriso, veio mais perto e me deu um abraço mágico, cheio de amor, de carinho e renovando as minhas energias. Fui acolhida naquele momento por uma essência humana maravilhosa, que poucas vezes senti. Ficamos cerca de 10 segundos abraçadas, e quando nos afastamos, ela me disse: "Gratidão por receber essa encomenda que eu vim te entregar". Naquele momento, eu estava me sentindo muito bem, como se uma energia circulasse pelo meu corpo, tocando a minha essência, me despertando para o que realmente é importante.

Foi mágico, maravilhoso, esplêndido. E eu respondi a ela: "Grata estou eu pela entrega especial". Então, perguntei: "Como posso retribuir à senhora?" E ela, com um sorriso no rosto, me disse: "Toda vez que seu coração disser para tocar a essência do outro, procure tocar com o mesmo abraço mágico e verdadeiro que eu te toquei, e assim passaremos a falar com o outro no amor e não na aparência". Fiquei maravilhada com a experiência. Ela se despediu de mim dizendo: "Deus te abençoe", e eu respondi: "Amém, gratidão pelo grande aprendizado de vida".

Esse foi um dos abraços mágicos que mais me impactou na verdade da vida, no amor, na bondade do ser humano e na poderosa troca de energia. Penso que há muito mais mistérios que estão ao nosso lado a serem revelados do que o vazio que às vezes nos toca. Precisamos entrar em contato com nossa essência, e na minha humilde jornada e experiência de vida aconselho a sentir e a tocar a sua essência e a do outro com um maravilhoso abraço mágico.

Abrace as pessoas que você ama, mas abrace também aquele desconhecido que o despertará e tocará em sua essência.

Referências

DICIO. Disponível em: <https://dicio.com.br>. Acesso em: 16 de fev. de 2021.

FÁS DA PSICANÁLISE. *Abraços protegem contra estresse, depressão, infecções e gripes*. 2016. Disponível em: <https://fasdapsicanalise.com.br/abracos-protegem-contra-estresse-depressao-infeccoes-e-gripes-diz--estudo>. Acesso em: 16 de fev. de 2021.

11

A FÉ PROVOCA MUDANÇAS

Convido você, caro leitor, a mergulhar no seu próprio ser por meio da fé, espiritualidade e gratidão. De forma leve, falaremos sobre o quão importante é dedicar um tempo à reflexão sobre aquilo em que acreditamos, que nos faz evoluir, nos leva à plenitude de espírito, alma e mente e que nos conecta com algo superior... Distante de pregar qualquer religião, trago os benefícios dessa simples prática.

KELLY BICHINI

Kelly Bichini

Sou mãe de dois filhos, casada. Valorizo a família e cultivo muitas amizades. Sou cristã, apaixonada por praia e encontro no mar uma forte conexão com Deus e comigo mesma. *Master coach*, analista comportamental, palestrante, escritora e enfermeira (UMC). Sou especialista em Nefrologia (Unifesp), Preceptoria (IEP – Sírio-Libanês), Docência (Uninove) e Gerenciamento de Enfermagem (Unifesp). Atualmente, sou consultora em gestão da qualidade em saúde e avaliadora em processos de certificação nacional e internacional. Entendo que, com essa atividade de trabalho, tenho a oportunidade de transformar a saúde brasileira com um atendimento humanizado e seguro aos pacientes. Acredito que o autodesenvolvimento leva ao crescimento em todas as áreas da vida; portanto, invisto na transformação de profissionais da saúde para agregar melhorias ao cuidado prestado em qualquer âmbito de saúde.

Contatos
Instagram: @kellybichini
Facebook: facebook.com/kelly.bichini
LinkedIn: linkedin.com/in/kelly-bichini-03440ba2
11 98149-9998

Eu posso dizer que sempre fui religiosa, porém busco diariamente ser espiritualizada... Isso mesmo!!! Parece estranho???

Mas é a mais pura verdade, há essa diferença... e neste capítulo entenderemos, além disso, a importância de acreditarmos em algo maior, de ter fé, gratidão e mergulhar em nosso próprio Ser para uma vida mais leve e plena.

Desde os meus 12 anos procuro uma religião. Passei por várias tentando encontrar algo que realmente tivesse sentido, que me tocasse de verdade, que preenchesse o grande vazio que existia em mim. Somente aos 16 anos entendi a verdadeira razão da fé... e desde então venho vivenciando o sobrenatural na minha vida, pois passei a dar um sentido a tudo o que acontece e sei onde buscar o que preciso.

No período de pandemia e isolamento social, ouvimos muitas vezes a frase: "O templo fecha, a igreja não". Isso significa que igreja somos cada um de nós, cada membro de um templo religioso. E o templo é o local, construção, espaço onde são realizadas as celebrações religiosas. Vimos também, nesse período, um aumento da busca por milagres. As pessoas, por causa do medo, foram ao encontro daquilo em que acreditam e com que, talvez, há muito tempo, não se conectavam ou reservavam um momento especial para se dedicarem a essa busca pela espiritualidade. O distanciamento social trouxe a solidão, a incerteza do amanhã, alterações econômicas, muitas perdas de pessoas queridas, além da obrigatoriedade de novas práticas diárias de autocuidado e de cuidado com o próximo. Toda essa situação levou muitas pessoas à descrença e ao pânico. Por isso, vamos salientar sobre a importância de se apegar a alguma coisa que nos traga paz, esperança e plenitude.

A intenção deste capítulo não é falar sobre religião, mas sim mostrar um pouco sobre como a fé e a espiritualidade podem nos levar a um mergulho ao nosso interior e transformar nossas atitudes, trazendo muitos benefícios para o corpo, a mente e a alma.

E o que seria a fé?

Fé

A Bíblia diz em Hebreus 11:1: *"Ora, a fé é o firme fundamento das coisas que se esperam, e a prova das coisas que não se veem".*

Pelo dicionário, temos a seguinte definição: substantivo feminino, convicção intensa e persistente em algo abstrato que, para a pessoa que acredita, se torna verdade; crença.

Em resumo, fé é o que nos dá conforto, e esperança é quando acreditamos e confiamos em alguém, algo ou alguma coisa. E a humanidade tem muitos modos de devoção.

Há um documentário produzido pelo National Geographic Channel intitulado "A história de Deus" (2016), apresentado e dirigido pelo ator Morgan Freeman, que aborda as distintas opiniões da humanidade a respeito dos mistérios que a fé humana provoca. Os episódios retratam a diversidade de religiões e crenças pelo mundo em aspectos espirituais e científicos. Ele conversa com pesquisadores de antigas civilizações, pessoas que chegaram à beira da morte, futurólogos, religiosos e místicos, buscando entender nossa conexão com *"Deus"*, seja Ele quem for.

E o que acontece com nosso corpo e mente quando exercitamos nossa fé?

Nossos pensamentos, crenças e emoções têm um grande impacto em nosso bem-estar e saúde. Além de carregarmos muitos traumas em nosso inconsciente, somos também impactados diariamente por estresse.

Segundo Joan Borysenko (Phd e Psiconeuroimunologista), atualmente, 90% do que leva as pessoas ao médico são doenças causadas pelo estresse. A quantidade de informações a que somos submetidos, as emoções que guardamos, as pressões e julgamentos que vivenciamos nos fazem acumular estresse.

Como já citado no início deste capítulo, os acontecimentos de afastamento e isolamento social relacionados à pandemia têm agravado muito os fatores de estresse.

E como anda a qualidade dos seus pensamentos? Tudo começa na mente!

Muitas doenças surgem como um pedido de socorro e atenção do corpo a certas questões. E assim como as criamos, temos a capacidade de nos curar. E é exatamente nesse ponto que entra a nossa espiritualidade.

Ponto de Deus

Neurobiólogos e estudiosos do cérebro identificaram que a base biológica da espiritualidade se situa no lobo frontal do cérebro. Observa-se uma alta vibração em hertz dos neurônios sempre que o indivíduo se conecta a algo superior, se concentra naquilo em que acredita, faz uma oração, ou uma meditação, e esse fenômeno é chamado de "ponto de Deus".

No início do século XX, o QI era a medida definitiva da inteligência humana. Só em meados da década de 1990, a descoberta da inteligência emocional mostrou que não bastava a pessoa ser um gênio se não soubesse lidar com as emoções. Hoje, novas descobertas apontam para um terceiro quociente, o da inteligência espiritual. Ela nos ajudaria a lidar com questões essenciais e pode ser a chave para uma nova era também no mundo dos negócios. O livro de Danah Zohar e Ian Marshall reforça a tese de que, além do QI (quociente intelectual) e do QE (quociente emocional), a inteligência humana também pode ser medida por meio da inteligência espiritual, o QS, quociente fundamental de todos. O QS está ligado à necessidade humana de ter propósito e objetivo na vida. Ele é o responsável pelo significado de nossa existência, pelo desenvolvimento dos valores éticos e das crenças que vão nortear nossas ações no dia a dia. Conhecer o potencial do nosso QS e desenvolvê-lo nos permitirá alcançar metas com mais eficiência. Essa é uma grande razão para nos preocuparmos em estarmos conectados e imersos na fé e na busca constante pelo desenvolvimento da espiritualidade.

Imersão pela fé

No criticado documentário *HEAL – o poder da mente* (2017), dirigido por Kelly Noonan, vários cientistas de física quântica e ciência espiritual, religiosos e terapeutas alternativos defendem a cura pela mente. Poderia isso ser chamado de fé?

O documentário defende que temos o poder da autocura por nossa mente. Apesar de trazer várias referências no tema, algumas publicações em revistas de saúde criticaram a respeito do referido documentário que traz como um dos participantes o polêmico e criminoso "João de Deus.

Se não podemos ao certo afirmar a cura pelo poder da mente, em contrapartida, é comum observar uma melhora significativa e sensação de bem-estar quando a positividade e a fé estão presentes na vida de quem passa por alguma doença ou tribulação. Trabalho na área da saúde há quase 20 anos, e pude presenciar curas e resultados nunca esperados pela ciência. A intenção aqui não é fazer você acreditar em algo a que podemos atribuir tais "milagres". Porque eu acredito em um Deus que pode operar tais maravilhas; e você, no que tem acreditado? Que traumas, julgamentos ou crenças limitantes você tem guardado dentro de si? O que o impede de se conectar a seu SER e nele mergulhar?

Religiosidade vs. espiritualidade

Começamos este capítulo citando a diferença entre religiosidade e espiritualidade e, de forma bem sucinta, vamos compreender melhor agora.

A maioria dos estudos que investigaram a relação entre a religiosidade/espiritualidade e a saúde mental revelou que níveis mais elevados da participação religiosa estão associados com maior bem-estar e saúde mental (MOREIRA-ALMEIDA et al., 2006).

A espiritualidade também pode ser concebida como um caminho, um modo de ser, o qual impregna de valores o agir, o pensar, o trabalhar, em que o transcendente faz-se morada, irradiando no homem a dignidade, a igualdade, instigando uma fraternidade universal. A espiritualidade, então, favorece as descobertas sobre si, sobre as relações com os outros e com o mundo, inseridas na avaliação de conceitos, valores e paixões tais quais o amor, a compaixão, o perdão, a sabedoria, a honestidade e no reconhecimento de atitudes despertadas: responsabilidade, compromisso, contemplação e transcendência (SANTARÉM, 2004).

A importância da espiritualidade passou a ser tão reconhecida que, em 1988, a Organização Mundial da Saúde (OMS) incluiu a dimensão espiritual no conceito multidimensional de saúde, remetendo a questões como significado e sentido da vida, e não se limitando a qualquer tipo específico de crença ou prática religiosa. Para ela, a espiritualidade é o conjunto de todas as emoções e convicções de natureza não material, com a suposição de que há mais no viver do que pode ser percebido ou plenamente compreendido (VOLCAN, SOUSA, MARI & HORTA 2003).

Portanto, a participação assídua do indivíduo em reuniões e encontros religiosos não necessariamente o torna uma pessoa espiritualizada, mas podemos dizer que é uma pessoa religiosa. A espiritualidade vai além de frequentar uma religião ou acreditar em Deus, é sentir essa presença de tal forma que a pessoa evolua e se transforme por meio da fé.

Gratidão

Finalizaremos este capítulo abordando a importância da gratidão!

Segundo a Psicóloga e Master Coach Franciane Péterle, especialista em cognitivo-comportamental, quando geramos sentimentos de gratidão, ativamos o sistema de recompensa do nosso cérebro, que é responsável pela sensação de bem-estar e prazer. O sistema de recompensa do cérebro é a base neurológica da satisfação e autoestima. E a gratidão exercitada estimula a ação dessa área. Quando o cérebro identifica algo de bom que aconteceu, que deu certo e em que fomos bem-sucedidos e somos gratos por isso, liberamos dopamina, um importante neurotransmissor. A dopamina aumenta o seu nível de prazer. Por isso, pessoas que manifestam gratidão exibem níveis elevados de emoção positiva, satisfação com a vida, vitalidade e otimismo. A gratidão também estimula a ocitocina, hormônio do afeto que traz tranquilidade, reduz a ansiedade, o medo e a fobia. Isso significa que ela não apenas faz você sentir-se bem, mas também dissolve o medo, a angústia e o sentimento de raiva, ficando bem mais fácil controlar esses estados mentais tóxicos e desnecessários. Nosso cérebro não é capaz de sentir gratidão e infelicidade ao mesmo tempo. Então ocupe o seu espaço cerebral com sentimentos diários de gratidão; afinal, o que você sente, você realiza e a gratidão é criada. Isso mesmo, é uma escolha.

Exercite a gratidão, experimente e libere em você a cura das suas doenças e a química da prosperidade!!!

No site da psicóloga Marcia Luz, palestrante e escritora de vários livros sobre o tema, encontramos algumas citações de artigos que comprovam a eficácia da gratidão e uma lista de benefícios, como a melhora dos relacionamentos, a preservação da saúde física e mental, o aumento da empatia, a melhora no padrão de sono, a autoestima, as emoções positivas, além de trazer novos amigos e felicidade.

Está esperando o quê?

A gratidão é uma prática, e devemos exercitá-la diariamente. Uma boa dica é anotar os motivos da gratidão, construindo um diário. Para iniciar essa prática de gratidão, podemos começar com pequenas observações, como contemplar o belo, agradecer o que se tem, ser grato às pessoas com quem você convive diariamente... já é um grande passo.

Reflexão

Encerramos com uma excelente oportunidade de colocar em prática tudo o que discutimos neste capítulo, então...

Vamos lá!!! Onde você estiver agora, procure aquietar-se, desacelerar as batidas do seu coração... Acomode-se. Silencie seus barulhos interiores... Pare um instante. Ouça o que talvez você mesmo tenha a se dizer já há algum tempo, conecte-se ao que você acredita e deixe a energia fluir...

O que faz você se conectar consigo mesmo, transcender a este plano e se sentir mais energizado?

Faça uma lista com pelo menos três motivos pelos quais você é grato hoje.

Se gostou dessa breve experiência, convido você a reservar diariamente um momento para refletir, conectar-se, agradecer e vivenciar uma grande transformação em sua vida.

Referências

DICIO. *Significado de fé*. Disponível em: <https://www.dicio.com.br/fe/>. Acesso em: 12 dez. de 2020.

KINI, P.; WONG, J.; MCINNIS, S.; GABANA, N.; BROWN, J. W. *The effects of gratitude expression on neural activity*. Disponível em: <https://www.sciencedirect.com/science/article/abs/pii/S1053811915011532>. Acesso em: 12 de dez. de 2020.

MOREIRA-ALMEIDA, A.; LOTUFO NETO, F.; KOENIG, H. G. Religiosidade e saúde mental: uma revisão. *Revista Brasileira de Psiquiatria*, 28(3), 242-250, 2006.

O QUE É FÉ? Biblia.com.br. Disponível em: <https://www.biblia.com.br/perguntas-biblicas/o-que-e-fe/>. Acesso em: 12 dez. de 2020.

QUERO EVOLUIR. *Espiritualidade e religiosidade*. Disponível em: <https://www.queroevoluir.com.br/como-praticar-espiritualidade-no--dia-a-dia/>. Acesso em: 12 dez. de 2020.

SANTARÉM, R. G. *Precisa (de) ser humano*: Valores na formação profissional. Rio de Janeiro: Qualitmark, 2004.

SISTEMATIZE. A química da gratidão. Disponível em: <https://sistemizecoach.com/blog/quimica-da-gratidao>. Acesso em: 12 dez. de 2020.

VOLCAN, Sandra Maria Alexandre; SOUSA, Paulo Luis Rosa; MARI, Jair de Jesus; HORTA, Bernardo Lessa. Relação entre bem-estar espiritual e transtornos psiquiátricos menores: estudo transversal. *Rev. Saúde Pública* [on-line]. 2003, vol. 37, n.4, pp.440-445.

12

ASSUMINDO UMA FUNÇÃO DE LIDERANÇA? VEJA OS CONCEITOS E *CASE*

Muitas vezes, você olhou para o seu gestor e pensou: O líder deve criar oportunidades de desenvolvimento, promover reflexões, fomentar descoberta de talentos, dentre outros. No entanto, a pergunta que não podemos deixar de responder é: O que você tem feito para se desenvolver? Seu foco está no outro ou em si mesmo? Neste capítulo, você encontrará um exemplo de transformação de liderança organizacional.

KELLY LIMA

Kelly Lima

Bacharel em Direito – Universidade Braz Cubas. Graduação em Administração de Recursos Humanos – Universidade Unip. Pós-graduada em Direito do Trabalho e Aspectos Previdenciários – Faculdade Damásio de Jesus/SP. Atuação direta em ambientes corporativos nas áreas de Desenvolvimento de Pessoas e Direito Trabalhista. Possui habilidades e formação de *coach* pela Ehumanas, Gestão Avançada de Liderança Estratégica por Amana-Key, especialização em Coordenação de T&D – Integração escola de negócios, formação em Líder do Futuro por Crescimentum, especialista em análise de perfil OPQ – Occupational Personality Questionnaire Assessment por SHL, mediadora e facilitadora corporativa (The Facilitator's Role) em Washington – USA, Gestão de Conflitos e Gestão do Tempo por Franklin Covey, além de outras atuações como voluntária em serviços sociais para atendimento da comunidade.

Contatos
kellyylimma@gmail.com
contato@onlinejus.com.br
Instagram: @Onlinejus
LinkedIn: Kelly Lima

Antes de adentrarmos no assunto de Liderança, que certamente é um dos temas mais discutidos e pesquisados no mundo corporativo, político e educacional, desejo com base na minha experiência trazer-lhes um momento de reflexão sobre o tema.

Certo dia, observava minha filha Anna Júlia, de 12 anos, em uma de nossas conversas sobre empreendedorismo e filosofia. Sim, ela possui em sua grade curricular do Ensino Fundamental tais disciplinas, entre outras, e muito curiosa ela me questionou sobre algumas questões, como: "Mãe, quais são suas principais habilidades? O que te faz feliz?"; e completou ainda dizendo: "Minha professora Mônica ministra a disciplina de Empreendedorismo e eu gosto muito desta matéria, principalmente quando se fala em fluxo de caixa, como as pessoas influenciam o atingimento das metas sob a visão de Aristóteles". Claro que como toda mãe fiquei orgulhosa, mas nesse exato momento me permiti divagar e imaginei como seria minha filha mais ou menos com a minha idade atual, daqui a 30 anos, liderando seu empreendimento ou pessoas em um universo de constantes mudanças e oportunidades, e então perguntei-me: *Quais serão os seus principais desafios como influenciadora de pessoas? Que tipo de líderes sua geração produzirá? Que tipo de líder ela será?*. Já que a liderança para muitos estudiosos parte do pressuposto de que você minimamente necessita se conhecer para poder doar-se ou liderar o outro, será que nossos jovens estão tendo em sua grade curricular ou em suas formações de base a oportunidade de se conhecer? Nós, enquanto pais, educadores ou formadores de opinião estamos tratando desse assunto com um olhar crítico? Em nossas casas, esse assunto tem sido abordado com frequência? É preciso refletir e promover a mudança que queremos.

Liderança e seus conceitos

Ao longo dos anos, pesquisadores e estudiosos pontuam conceitos sobre Liderança e suas principais características. Revisitaremos, neste capítulo, alguns conceitos e referências acadêmicas, como Chiavenato e Maximiano, além, é claro, de *cases* e definições sob o ponto de vista de tantos outros estudiosos e cientistas.

Segundo Chiavenato (2000, p. 107), "Liderança é a influência interpessoal exercida numa situação e dirigida por meios do processo da comunicação humana para a consecução de um determinado objetivo". Para Maximiano (2000, p. 331), "Liderança é função, papel, tarefa ou responsabilidade que qualquer pessoa precisa desempenhar quando é responsável por um grupo", mas a pergunta que não podemos deixar de suscitar é: **O que é liderança para você? Você se considera um líder?.** Todos nós possuímos habilidades de liderança, uns com um teor mais acentuado, outros nem tanto aflorado. O que precisamos ter em mente é que somos seres mutáveis em constante evolução, com capacidades de promover mudanças incríveis, basta QUERER. O caminho até pode ser um pouco mais árduo ou longo para uns e um pouco mais brando ou curto para outros, o que diferenciará é o que somos e o que queremos ser e em quanto tempo queremos ser.

Recentemente, um gene que pode definir a criação de líderes natos foi descoberto por cientistas da University College, no Reino Unido. O "gene da liderança", identificado com o código rs4950, é uma sequência congênita de DNA associado com pessoas que estão no comando, de acordo com os pesquisados. Talvez esse seja o gene que determine a predisposição para um macho ou fêmea alfa, mas mesmo existindo tal predisposição os próprios pesquisadores admitem que liderança é algo que pode ser desenvolvido, afirmou o cientista Jan-Emmanuel De Neve, principal responsável pela pesquisa. Se é algo que pode ser desenvolvido, o que você está fazendo para estar ou ser um líder? Qual é a sua referência de liderança?

Referência de liderança – *Case* pessoal

Há uma crença generalizada na sociedade e demais setores, sejam públicos ou privados, de que as habilidades necessárias para ser um líder são mais ou menos transferíveis. Se você pode inspirar e motivar pessoas em uma arena, em princípio certamente você pode aplicar essas habilidades em outro domínio com os mesmos resultados. No entanto, pesquisas recentes estão questionando essa teoria. Estudos no Texas (EUA) sugerem que os melhores líderes saibam muito e tenham o domínio na área em que atuam, e parte do que os faz bem-sucedidos em um cargo de gestão é a competência técnica.

Considerando esses dizeres, ao aceitar o desafio de conduzir pessoas em uma multinacional, **fiz parte dos que acreditam que os bem-sucedidos pelas competências técnicas serão líderes melhores**. Será?

Qual o seu ponto de vista em relação a essa crença?

Há alguns anos atrás, aproximadamente no ano de 2017, foi-me confiada a missão de liderar pessoas em uma multinacional sueca com mais de 200 anos de história, mesmo sem possuir o título de Gestora de Pessoas e experiências anteriores com grandes equipes; no entanto, com vivência e atuação de mais de 15 anos na área de Recursos Humanos, aceitei o desafio proposto e iniciei uma jornada histórica. Além de passar pela busca do autoconhecimento, apoiei-me nos pilares e conceitos de liderança, que basicamente foram:

- as pessoas são o foco;
- viabilizar desenvolvimento profissional e oportunidades para todos;
- empoderamento e inclusão;
- aumentar o engajamento alinhado à produtividade;
- segurança, saúde e bem-estar; e
- transformando cultura e líderes.

Mergulhei nas leituras considerando esses e outros conceitos. Busquei referências anteriores, realizei cursos de ampliação de visão, revisitei projetos pessoais e profissionais e constante alinhamento para alcance do autoconhecimento. Tive o apoio da minha família, de meu amado esposo e de meus queridos filhos, que incondicionalmente me deram e ainda me dão o suporte necessário para continuar sonhando e realizando meus objetivos; do time de gerenciamento, que acreditou no propósito do projeto; de um grande amigo, que com sua paciência e serenidade trabalhava como um contraponto em minhas decisões, uma pessoa incrível que tem e terá o meu carinho e respeito hoje e sempre. Cabe aqui um parágrafo especial ao Presidente da companhia, Adriano Machado, que foi, é e sempre será uma referência de liderança integradora, inspiradora e confiável para mim.

Primeiro projeto

Inspirada e motivada a realizar o meu primeiro projeto como Supervisora de RH aos executivos da companhia, ao desenhar o passo a passo desse trabalho me deparei com situações que me confrontaram, como: Mudança de *mindset* (forma de pensar), revisitação de valores e crenças, introdução de questionamentos, como: E SE? Por que não?

Por que estou fazendo o que faço? Por onde devo começar? Ao invés de rapidamente responder com um **não** ou **não concordo**, entre outras indagações, o projeto me fez sair da zona de conforto, afinal, montar um programa de desenvolvimento de liderança para altos executivos e, em seguida, para média liderança foi desafiador; exigiu da minha parte foco, concentração, disciplina, resiliência e bons parceiros.

Com o auxílio de profissionais experientes e apoio da equipe de RH altamente engajada, realizamos o esboço do projeto e fomos buscar aliados para criticar e dar sugestões; afinal, nada poderia dar errado e a participação de várias mentes pensantes faria a diferença nesse projeto. Feitas as devidas adequações, o projeto foi submetido à aprovação da diretoria, que de bate-pronto apoiou a iniciativa juntamente com os pares; todos aceitaram passar por esse desafio composto por duas etapas.

- 1ª etapa – uma construção e mergulho no autoconhecimento, de forma individual, com sessões de *coaching* individuais.
- 2ª etapa – construção de times de verdade, sessões em grupo para apontar os principais incômodos e como tomaríamos as decisões em conjunto.

A primeira fase do projeto de liderança durou cerca de seis meses. As sessões individuais de *coaching* com auxílio de um parceiro externo foram exclusivas aos executivos e a mim; em seguida intercalávamos essas sessões individuais com sessões em grupo. Nas sessões em grupo, o objetivo era auto-observação e observação dos pares, como: seus comportamentos, suas preferências, suas convicções, sua linha de raciocínio, sua forma geral de ver o mundo, dentre outras. Foi uma oportunidade de olhar para dentro e logo em seguida se conectar com as ações e os impactos entre si. O resultado dessa primeira fase foi satisfatório: os executivos mergulharam e absorveram os conceitos e a habilidade de liderar. As alterações de comportamento e as interações entre equipes melhoraram; passados seis meses do projeto era visível a mudança de postura de cada executivo. Uma forma de mensurar foi a pesquisa entre os pares e subordinados. Nesse processo, foi possível observar as pontuações de evolução.

Foi a partir desse momento que se criou um elo como times de verdade. Colhemos os resultados nessa primeira fase; no entanto, o trabalho de gestão de liderança é contínuo, por esse motivo decidimos continuar com o programa de desenvolvimento dos executivos e desenhamos um novo formato, partindo do princípio de que a base inicial fora construída com êxito.

O grupo decidiu embarcar em uma nova fase, só que nesse momento muito mais incisiva, como se fosse uma acupuntura; sim, foi esse o termo utilizado pelos executivos. Enquanto eles se preparavam para uma sessão muito mais direcionada, invasiva no que tange aos pontos meridianos de cada um, iniciou-se o trabalho com média liderança. O projeto foi similar ao proposto aos executivos, mas com uma atuação muito maior da área de Recursos Humanos.

Aprendizado pessoal como gestora de RH

O ponto de partida de uma trajetória profissional de sucesso é assumir a responsabilidade do seu desenvolvimento, ou seja, tornar-se líder de si mesmo para depois liderar o próximo. Para me ajudar nesse processo, a parceria da minha família, da equipe de RH, dos pares e do meu gestor foi essencial.

Promover a volta aos primeiros projetos também pode lhe ajudar a entender melhor seu processo decisório; além disso, é um modo de avaliar o seu desempenho para, então, decidir o que fazer para continuar em uma trajetória ascendente. Erros cometidos no passado são excelentes "professores". O fundamental é aproveitar essas situações para se conhecer melhor e, assim sendo, se tornar um líder de si mesmo mais efetivo. Conhecer-se aqui não significa apenas reconhecer o que faz bem, suas qualidades, mas, principalmente, suas limitações. Dessa forma, avalie seus valores, defeitos, conhecimentos, interesses e características profissionais, e quando você somar/subtrair tudo isso poderá criar uma "equação" para potencializar quem você realmente é.

Talvez o mais famoso método de análise de uma empresa ou de um produto em relação ao mercado seja a análise SWOT, sigla em inglês para *Strengths, Weaknesses, Opportunities and Threats* (Fortalezas, Fraquezas, Oportunidades e Ameaças). Embora tenha sido concebida originalmente para analisar produtos e marcas, a análise SWOT também pode ser aplicada para um exercício de autoconhecimento. A partir de uma análise SWOT é possível desenhar estratégias para potencializar suas fortalezas e minimizar ou desenvolver suas fraquezas.

Trazendo esse exercício para o nosso contexto corporativo, uma pessoa que tem como fortaleza algo como organização talvez não tenha condições de maximizar essa fortaleza se estiver em um ambiente em que o caos é o modus operandi. Nesse caso, ela deverá mudar de ambiente ou buscar outra de suas fortalezas que se adeque melhor àquele ambiente. No caso de fatores negativos, como impaciência e ansiedade, é preciso entender por que eles estão presentes e procurar redirecionar esses impulsos. O desenvolvimento pleno somente será possível para aqueles que souberem criar estratégias efetivas para lidar tanto com os seus pontos fortes quanto com os fracos.

Desenhe seu plano de carreira de forma que ele possa proporcionar a você satisfação, ascensão profissional e financeira, mas principalmente que seja flexível. Esteja certo de que você viverá diversas mudanças de paradigma no decorrer de sua carreira; portanto, celebre e aproveite essas mudanças para se destacar, ao invés de tentar resistir a elas. Seus acertos e sucessos o tornarão confiante e lhe farão parecer inteligente, mas lembre-se de que aprender com os seus erros e fracassos o tornará realmente sábio e este é o caminho mais rápido para se tornar um líder efetivo de si mesmo.

Agradecimentos

Aos meu pais, que me forneceram a base e os valores necessários para chegar até aqui. Às minhas irmãs Lilian, Catia e Juliane e meu irmão David. Aos meus sogros, Maria e João, que são meus pais de coração. À minha amada prima Simone, meus queridíssimos amigos de alma, Bruna, Fabiane, Miriam e Valter, um querido amigo, mais conhecido pela frase "você nunca atrapalha". Agradeço, também, ao mestre Wilson Nascimento e a Adriano Machado por seus ensinamentos. Gratidão é a palavra que define o que sinto por vocês.

Referências

CHIAVENATO, I. *Introdução à Teoria Geral da Administração*. Ed. Compacta. 2. ed. Rio de Janeiro: Campus, 2000.

CHIAVENATO, I. *Recursos Humanos*. Ed. Compacta. 7. ed. São Paulo: Atlas, 2002.

CHIAVENATO, I. *Administração de novos tempos*. Rio de Janeiro: Campus, 2004.

GARCIA, Denise B. *Os diferentes tipos de liderança e sua influência no clima organizacional*. Disponível em: <https://administradores.com.br/producao-academica/os-diferentes-tipos-de-lideranca-e-sua-influencia-no-clima-organizacional>. Acesso em: 08 abr. de 2021.

HBR – Harvard Businness. Disponível em: <https://scholar.google.com.br/scholar?as_ylo=2020&q=lideran%C3%A7a+chiavenato&hl=pt-BR&as_sdt=0,5&as_vis=1>. Acesso em: 08 abr. de 2021.

MAXIMIANO, A. C. A. *Teoria Geral da Administração: da escola científica à competitividade na economia globalizada.* 2. ed. São Paulo: Atlas, 2000.

SILVA, Silvana Marques da. *O líder e sua importância no desenvolvimento de organizações públicas e privadas.* Disponível em: <https://meuartigo. brasilescola.uol.com.br/administracao/o-lider-e-sua-importancia-no--desenvolvimento-de-organizacoes-publicas-e-privadas.htm>. Acesso em: 08 abr. de 2021.

WIKIPÉDIA. *Conceito de Liderança.* Disponível em: <https://pt.wiki-pedia.org/wiki/Lideran%C3%A7a#:~:text=A%20condu%C3%A7%-C3%A3o%20de%20um%20grupo,da%20equipe%20e%20da%20 organiza%C3%A7%C3%A3o>. Acesso em: 12 dez. de 2020.

13

ESCOLHO SER FELIZ

Todas as experiências pelas quais passamos ao longo de nossas vidas trazem consigo um propósito particular. Dele podemos sempre extrair importantes lições que nos fortalecerão, independentemente de serem boas ou não. Todos passamos por desafios, mas acredite, você saberá lidar. Convido-o a refletir comigo e descobrir que você é a pessoa mais importante que há!

LAUDINEIDE XAVIER

Laudineide Xavier

Licenciada em Letras pela Universidade Camilo Castelo Branco. Formação de *practitioner* em Programação Neurolinguística pela Ápice Desenvolvimento Humano. Formação de *master* em Programação Neurolinguística pela Ápice Desenvolvimento Humano. Formação em Intervenções Sistêmicas Familiares ministrada por Leiliane Marrien, Instituto Pais. Formação em Professional Coaching pela EHumanas – Essências de Habilidades Humanas. Formação em Desenvolvimento Humano pela EHumanas - Essências de Habilidades Humanas. Atuou no mercado financeiro por mais de 30 anos.

Contato
neidoca.l.melo@gmail.com

Autodesenvolvimento é uma jornada longa, mas de grande importância, pois à medida que aprendo, meu caminhar vai seguindo com muito mais leveza. Desafios sempre existirão, porém você pode encontrar maneiras de lidar com suas questões desafiadoras com serenidade, ressignificar situações e tirar aprendizados ao invés de vê-las com sofrimento.

Nem tudo que enfrentamos termina de um modo feliz, e de todas as coisas nessa vida podemos extrair alguma lição que contribua para o nosso crescimento pessoal. Pode não terminar do jeito que esperávamos, mas não tenha dúvidas, ainda assim a vida nos ensina o tempo todo.

Isso não quer dizer que mudar nosso modo de agir ou adaptar alguns comportamentos seja um processo fácil, mas é totalmente possível a partir do momento que você decide fazê-lo!

Dessa forma, convido você a refletir e saber que a melhor coisa no mundo é quando investimos nosso tempo e até mesmo recursos financeiros com a pessoa mais linda e importante desse mundo: **você**!

Não adianta apontarmos para o outro com a doce ilusão de que todos os defeitos ou falhas estão sempre no **outro**. É interessante observar as justificavas, que normalmente estão sempre na segunda pessoa, e quem é essa pessoa? O "**outro**", é claro!

Há sempre um culpado na vida de alguém. Podemos classificar esse culpado numa lista enorme. Pode ser o emprego, o ambiente, o chefe, o pai, o salário, o Brasil, enfim, todos, exceto você!

E a grande lamúria é que se o salário aumentar, se o chefe mudar, se o país tivesse mais igualdade, se você fosse mais reconhecido no emprego, se o namorado desse mais atenção... "SE" o ambiente, as pessoas ou a situação mudar, aí sim você será feliz, não é mesmo? Isso é um engano. As verdadeiras plenitude e felicidade estão em nosso interior, é um olhar da alma! Fazer um verdadeiro mergulho no Ser. Olhar sem medo para aquelas questões desafiadoras, profundas mesmo.

Você já parou um momento para se perguntar: Por que nada acontece? O que tem impedido que as coisas mudem? Quais são meus bloqueios? Pense e responda: *Onde está o seu foco? Ele está no problema ou na solução?* Vamos continuar identificando por que as coisas não têm mudado. Você gasta suas energias sofrendo e pensando no problema ou busca possíveis caminhos que possam te trazer uma solução?

Veja que quando você vibra ou foca demais em um determinado ponto, é como se você olhasse para suas pernas e as visse amarradas. Você sente como se não pudesse sair daquele lugar. Sua mente não pensa! Isso acontece porque toda a sua energia está sendo canalizada para focar no **problema,** e esse processo é desgastante.

Vou dar um exemplo de uma situação de febre recorrente, e cada vez que isso acontece me concentro apenas em baixar a temperatura, e sigo assim, com o foco sempre no sintoma. Até quando focar no sintoma vai me ajudar? Esse é o ponto! Até quando?

Para resolver o problema é preciso liberar sua mente para ir mais além, tratar a "**causa**" dessa febre, o "real motivo" que está causando o aumento dessa temperatura. As causas podem ser muitas, mas será que você quer saber, ou prefere se enganar com paliativos?

Nosso corpo nos alerta quando algo não está bem. Com nossa mente e nossas emoções não é diferente! Os verdadeiros motivos que nos deixam infelizes ou angustiados com a vida sempre trazem um mal-estar; ora uma tristeza, ora falta de ânimo, choro; enfim, uma infinidade de sintomas que, de maneira sutil, devagarinho, vão tomando conta da nossa alma e de nossas emoções. Sem nos darmos conta, entramos num processo de mascarar a "Causa" e vamos buscando paliativos que melhorem o velho e inofensivo "sintoma".

Mudar pode não ser tão confortável, porém gera novas possibilidades, traz o Novo!! Caminhos diferentes, escolhas talvez excelentes, outras nem tanto! E daí? Só saberemos se valeu a pena quando estivermos lá! O meu foco é buscar o melhor que Deus tem para a minha vida! E você? Qual é a sua direção?

Existem várias técnicas e processos terapêuticos que estão revolucionando. Eles têm trazido muitos benefícios no campo do autoconhecimento, visam à expansão do pensamento, um olhar voltado para nosso "EU" interior a fim de que possamos nos cuidar com muito respeito, buscando o equilíbrio mental e físico e, o melhor de tudo, amarmos ainda mais a nós mesmos, nossos familiares, amigos e a sociedade na qual vivemos.

Quando você opta pelo seu aprendizado, a convivência com o outro será muito melhor, haverá de fato um complemento, um acréscimo de coisas boas, e as ruins fazem parte da bagagem; e com amor você dará conta de tudo, tenha certeza disso.

Aprendi por meio da PNL que "Quando eu mudo o outro muda". Inicialmente, algumas pessoas sentem dificuldade de entender que o primeiro processo de mudança precisa iniciar nelas e que não devem tentar mudar ninguém. Se uma situação não está boa, o sujeito que sofre a ação sou eu; logo, cabe a mim o poder da decisão.

Qualquer coisa, seja o que for, eu e somente eu posso mudar, e ficar no papel de vítima também é um lugar que algumas pessoas escolhem ficar.

Mas se você está pronto para iniciar essa transformação, a comunicação pode ser um ótimo começo. Quando existe comunicação clara, as coisas fluem.

Vamos falar um pouco sobre comunicação, que é muito bem explicado dentro da CNV (comunicação não violenta), que foi sistematizada pelo psicólogo norte-americano Marshall Bertram Rosenberg; ele nos convida a perceber que todo comportamento é uma tentativa de satisfazer necessidades humanas universais. E se alguém faz algo que nos prejudica, é importante estabelecer limites e expressar o incômodo.

As pessoas têm interesses e necessidades diferentes umas das outras, por isso é tão importante que estejamos sempre procurando melhorar a cada dia, buscar ferramentas que nos auxiliem a tornar nossa vida mais leve, menos estressante, e é muito bom saber que existem recursos para isso.

Quantas mensagens são mal interpretadas ou transmitidas em momentos inadequados e geram tantos desconfortos!

E se doeu, imediatamente aplicamos a lei da ação e reação, porque eu quero me defender daquilo de que não gostei. Como eu posso querer respostas gentis de alguém que eu só me refiro em tom de voz autoritário?

Na maior parte das vezes, ficamos embasbacados procurando entender alguns comportamentos ou situações em que uma resposta "torta" de alguém nos causa um grande desconforto, e aí surgem as interrogações: "Precisava disso? Eu só fiz uma pergunta". Nesse caso eu fico aborrecida e começo a julgar as ações do outro, isentando-me de qualquer erro e não faço nenhum movimento nesse sentido. Será mesmo que eu transmiti a mensagem da forma correta?

Será que eu considerei o momento do outro? Esse era o melhor momento, ou era melhor só para mim? Qual a necessidade do outro que não está sendo atendida ou respeitada para que ele me responda assim?

Provavelmente a fala precisa ser ajustada, pode ser uma questão de ponto de vista; e não se abale, cada um tem o seu. Claro que não é fácil, é um exercício que precisa ser colocado em prática o tempo todo. O esforço é nobre e valerá a pena. Agora, se você prefere continuar com aquele ditado "eu nasci assim, vou morrer assim", tudo bem, a escolha é sua.

Quando você aprende, a convivência fica muito sadia, tranquila e todo esforço é válido para nossa paz de espírito. Haverá de fato um complemento, ou acréscimo de coisas boas, e as não tão boas assim fazem parte da bagagem. Jamais nos esqueçamos de que o amor precisa estar sempre presente em nossas vidas! Vale lembrar que não existe certo ou errado, o que existem são os resultados; aliás, na vida, tudo o que colhemos são exatamente os resultados de nossas escolhas e ações. Fique atento para o que você escolhe, respeite-se, trate-se bem. Não espere semear figos para colher morangos!

Sabedoria é dom de Deus

Muitas vezes sofremos porque criamos enormes expectativas em tudo e nos desapontamos quando elas não são correspondidas. Cuidado com as suas expectativas e o peso que coloca nelas!

Resolvi fazer essa abordagem para refletirmos o quanto é arriscado projetarmos nossos desejos e sonhos no outro, e o quanto isso pode nos levar a um caminho de frustração e sensação de fracasso. Quantas relações ou situações podem ruir por conta da expectativa que essa projeção gera? Quando falamos em relacionamentos, percebemos muitas pessoas em busca de alguém que as complete, a busca da outra metade! Se pararmos para pensar, não faz sentido do ponto de vista lógico, dois querendo ser um! Precisamos somar, não nos tornarmos a metade. Precisamos nos "complementar" para nos tornarmos dois inteiros.

Muitas pessoas têm medo da solitude de sua presença, porém precisamos aprender a lidar com isso, faz-nos bem desfrutar da própria companhia. Nesses momentos de solitude podemos observar nossos pensamentos, fazer uma boa leitura, cantar uma música prestando atenção à melodia dessa canção, ou simplesmente se jogar no sofá e assistir a um filminho bobo, mas que arranca de você altas gargalhadas.

Entrar em contato consigo mesmo pode exigir um pouco de prática, mas logo você perceberá que é delicioso estar em sua companhia! É um processo de aprendizado e pode ser muito bom! Por que não? Solitude é diferente de solidão!

O que é solitude

Solitude é um estado de isolamento e reclusão, é uma situação em que a pessoa não está em contato com outros indivíduos. Esse estado é geralmente decorrente de uma escolha pessoal.

Diferentemente da solidão, a solitude está associada a sentimentos positivos, à alegria em estar sozinho. Isolar-se voluntariamente pode ser uma forma de entrar em contato consigo mesmo, de fortalecer a autoconfiança e o amor próprio.

A decisão de autoconhecer-se é desejar sair da caverna, daquele lugar desconfortável, mas que você se acostumou a viver.

Pelo medo do julgamento, escondemo-nos na caverna, com medo das turbulências na vida, mas o bom mesmo é saber que "Tudo passa", como diria meu professor Wilson Nascimento.

Entre as ferramentas de autoconhecimento, vamos conhecer outra que fala sobre como você se vê, como acredita que as pessoas te veem e como você acha que é! Em algum momento da sua vida você já se questionou se as suas atitudes condizem com a pessoa que você diz que é?

A Janela de Johari aborda esse tema de uma forma muito interessante. Ela foi criada por Joseph Lutf e Harrington Ingham, em 1955, e tem como objetivo auxiliar no entendimento da comunicação interpessoal. Essa ferramenta foi subdividida em quatro partes, as quais citarei de forma sucinta:

• Área aberta, ou Arena: são nossas características de modo geral, aquelas informações que conseguimos expor. Ou seja, são características suas que você e os outros conhecem; por exemplo, o modo de se vestir, falar, sorrir etc.

• Área cega ou EU cego: nessa janela a característica existe, é claramente percebida pelos outros, porém a própria pessoa não percebe! Exemplo: um comportamento explosivo com outra pessoa. Pode estar muito claro, porém o responsável pelo comportamento não consegue reconhecê-lo. Esse pode ser um "ponto cego", seria necessário um ajuste. A ideia é ajustar para melhorar!

• Área secreta ou EU secreto: essa janela mostra aquela situação em que a pessoa se "entende" como o certinho, e, no entanto, costuma surpreender quem não o conhece quando age de forma contrária ao que afirma sobre si mesmo. Por exemplo, o justo que quer se dar bem à custa dos outros.

• Área desconhecida: nesta área, nem o indivíduo nem as pessoas têm clareza de suas características ou potenciais; contudo, essas características podem aparecer e até você conseguirá surpreender-se consigo mesmo!

Aproveito para compartilhar que eu também estou em aprendizado constante. Para mim, a vida é nossa escola. Deus é o grande Mestre!

Ele guia minha vida, ensina-me todos os dias, cuida de mim. Deus é aquele que busco quando preciso de força. Ele nos põe de pé, cuida do nosso dormir e do nosso levantar, pode trazer qualquer resposta e transformar tudo em nossas vidas.

Fortaleça-se com a ferramenta mais importante que há. Essa ferramenta chama-se Fé!

Assim conhecemos o amor que Deus tem por nós e confiamos nesse amor, Deus é amor. Todo aquele que permanece no amor permanece em Deus, e Deus nele. — 1 João 4:16.

Referências

NUNES, Andrea dos Santos Pereira. *Você sabe o que é comunicação não violenta?* Disponível em: https://corporativo.sp.senac.br/comunicacao-nao-violenta/. Acesso em: 14 abr. de 2021.

ROSENBERG, Marshall. *Comunicação não violenta.* Editora Àgora, 2006.

SIGNIFICADOS. *O que é solitude.* Disponível em: significados.com.br/solitude. Acesso em: 12 dez. de 2020.

WIKIPEDIA. *Janela de Johari.* Disponível em: <https://pt.wikipedia.org/wiki/Janela_de_Johari>. Acesso em: 20 fev. de 2020.

14

DESENVOLVIMENTO HUMANO E MOTIVAÇÃO

O desenvolvimento humano geralmente se dá pela definição do propósito de cada indivíduo, mas para tal é preciso conhecer os fatores motivacionais que influenciam as escolhas de cada um. Quando tratamos da motivação, precisamos entender seus aspectos intrínsecos e extrínsecos. Esse entendimento facilita a compreensão de aspectos que influenciam a visão que o indivíduo tem de sua essência como ser humano.

LUIZ HENRIQUE PERUCHI

Luiz Henrique Peruchi

Graduado em Educação Física – Universidade de Mogi das Cruzes. Bacharel em Administração e Finanças – Bethany College, Kansas – EUA. Mestre em Psicologia – Pontifícia Universidade Católica de Campinas. Doutorando em Engenharia Biomédica – Universidade de Mogi das Cruzes. Professor universitário há 20 anos. Gestor acadêmico e esportivo.

Contatos
peruchi10@gmail.com
LinkedIn: http://linkedin.com/in/luiz-peruchi-∴-38885b2a

Quando confrontado com os questionamentos de um curso de desenvolvimento humano, muitas reflexões podem emergir, pois perguntas como "O que realmente importa para você?" ou "Qual sua essência?" incentivam análises que as pessoas nunca foram estimuladas ou condicionadas a fazer no decorrer de suas vidas. Esses tipos de reflexão remetem ao conceito de motivação, ou seja, o que movimenta os indivíduos em determinada direção, norteia suas escolhas, garante a intensidade e dedicação etc.

A motivação é um processo de desenvolvimento ou manutenção da performance em atividades nas quais essa capacidade possa ser mensurada em padrões de qualidade preestabelecidos, e o desempenho pode determinar o sucesso ou fracasso do sujeito na execução da tarefa, no ganhar ou perder a disputa entre outros aspectos.

Em estudos de processos e fenômenos psicológicos, o problema da motivação deve ser considerado. Aliás, motivação é um processo básico subjacente ao comportamento voluntário.

O aumento de interesse em motivação ocorreu por várias razões, dentre elas estão as teorias e pesquisas em processos de aprendizagem, das quais são necessárias mais informações sobre probabilidade de respostas não atribuíveis aparentemente a processos sensoriais ou a hábitos.

Todas as teorias psicológicas referem-se a variáveis motivacionais em maior ou menor escala. O tipo de construto motivacional é consistente com as origens filosóficas da teoria. Porém, a utilização de um mesmo termo conceitual por pesquisadores diferentes não significa que se trata da mesma coisa.

Para Cratty (1984, p. 36), a motivação refere-se aos fatores e processos que fazem com que as pessoas ajam ou não em diferentes oportunidades. O mesmo autor continua dizendo que:

de modo mais específico, o estudo dos motivos implica no exame das razões pelas quais se escolhe fazer algo ou executar algumas tarefas com maior empenho do que outras ou, ainda, persistir numa atividade por longo período.

Isto exposto, verifica-se que a motivação depende de diversos fatores e pressupõe-se que exista algo que inicia uma ação direcionada e a mantém até um ponto final. Existem tipos distintos de motivos que provocam ações variadas em indivíduos e as reações destes dependem das diferentes categorias da relação entre indivíduo e ambiente.

Cratty (1984) ainda indica que as pessoas são diferenciadas pelo tipo e intensidade de suas ações individuais. Essas ações são motivadas por aquele fator que se encontra na posição mais elevada de sua escala de prioridades e, por isso, apresentam maior possibilidade de alcançar sucesso em uma empreitada.

Rodrigues (1991, p. 26) reforça esse posicionamento quando diz que:

> um dos principais fatores que interferem no comportamento de uma pessoa é, indubitavelmente, a motivação, que influi com muita propriedade em todos os tipos de comportamento, permitindo um maior envolvimento ou uma simples participação em atividades que se relacionem com: aprendizagem, desempenho, atenção.

Sage (1977) definiu motivação como sendo a relação entre direção e intensidade do esforço de um indivíduo para a adesão ou manutenção em uma determinada atividade.

Portanto, para satisfazer o questionamento sobre o que motiva um comportamento encontramos três alternativas que, de forma isolada ou combinada, fornecem as respostas necessárias. Os fatores ambientais, intrínsecos e extrínsecos são essas alternativas (Peruchi, 2001).

Alguns fatores podem ser identificados e medidos, tais como descargas endócrinas na corrente sanguínea, uma mudança no potencial elétrico de um nervo, um aumento de tônus muscular ou um movimento peristáltico do intestino.

Outros fatores não tão óbvios, tais como mudanças na organização do sistema de memória, intensidade de um desejo ou impulso, o valor de um objetivo etc., podem ser especificados, por meio de análises de eventos antecedentes e de consequentes. Porém, essa análise anterior e posterior a um evento deixa espaço para especulações quanto à natureza dos sistemas mediadores, processos e mecanismos. É nesse ponto que entram as ideias e teorias sobre motivação.

Alguns termos utilizados para caracterizar e representar estados ou condições do organismo relativos ao vigor, persistência ou direção do comportamento são divididos em três categorias: 1. biológicos (emoção, força, desejo, impulso, necessidade etc.); 2. mentais (sentimento, desejo, impulso, demanda etc.); 3. objetos ou estados no ambiente (propósito, interesse, intenção, atitude, plano, aspiração, motivo etc.) (Appley e Cofer, 1967).

Então, para responder à pergunta inicialmente colocada ("O que realmente importa para você?") pode ser necessário questionar o que realmente motiva esse indivíduo e, como se viu anteriormente, as respostas serão múltiplas, pois as mais poderosas motivações são as de foro íntimo. Contudo, o ambiente também tem papel importante nessa reflexão por fornecer estímulos, ou desestímulos, a determinados comportamentos da pessoa.

Esse conceito de reforçadores internos e externos refere-se aos conceitos de motivação intrínseca e extrínseca. Motivação intrínseca sendo aquela interior, pessoal e íntima, por vezes é referida como a satisfação das necessidades mais básicas do indivíduo, ou aquelas da base da pirâmide de Maslow. Porém, essa motivação vai além disso e parece estar ligada a características de personalidade e psicológicas de cada um. Já a motivação extrínseca são as recompensas exteriores que o indivíduo recebe e o mantêm em atividade.

Deci e Ryan (1985) abordaram essa relação entre motivadores intrínsecos e extrínsecos na Teoria da Autodeterminação, indicando que os comportamentos dos indivíduos refletiriam essa combinação de fatores internos e externos, ou seja, a motivação intrínseca faz com que haja adesão e manutenção na atividade. Porém, a qualidade desse envolvimento pode ser afetada positiva ou negativamente pelos fatores ambientais favoráveis ou desfavoráveis.

Para os mesmos autores, os sentimentos de autorrealização e competência são determinantes para a motivação do indivíduo.

Saldanha (2008, p. 15) define que:

> são consideradas ações autodeterminadas como essencialmente voluntárias e endossadas pessoalmente e as ações controladas como resultado de pressões decorrentes de forças interpessoais ou intrapsíquicas. No primeiro caso, a regulação do comportamento é escolhida pela pessoa; já, no segundo caso, o processo de regulação pode ou não ser aprovado.

Sendo assim, infere-se que o desenvolvimento humano ocorre por meio da motivação e que a busca por essa motivação é que define o caminho percorrido por cada pessoa.

Ao longo da vida do indivíduo ocorrem mudanças de cenários e situações que moldam e modificam comportamentos, intenções, planos etc. Portanto, as motivações também são modificadas e adaptadas.

Um dos pontos de partida de um processo de desenvolvimento humano é o autoconhecimento. Por isso, inicia-se com as perguntas: *Quem você realmente é? O que é importante para você? Qual sua essência?.*

Esses questionamentos são bastante complexos e, para que possam ser respondidos, é necessária a intervenção de alguém que possa auxiliar o indivíduo na descoberta das respostas, além de ferramentas apropriadas para tais propósitos.

Nesse cenário é que surge o Coach, profissional treinado para auxiliar o seu cliente a encontrar as respostas que possam garantir um desempenho ótimo, qualidade de vida, realização ou qualquer outro objetivo que seja buscado.

De acordo com o *Manual de Formação Professional Coach* (2019), a função do Coach é promover e participar de um processo de aprendizagem entre ambas as partes para o autoconhecimento, desenvolvimento de habilidades, ampliação da consciência, melhoria e ampliação da cognição. Os objetivos (motivações) dos clientes são o ponto de partida no trabalho do Coach.

Portanto, o papel do *coach* é, despido de quaisquer vieses ou julgamentos, fazer aflorar a motivação maior do indivíduo e auxiliá-lo no caminho de como alcançar esse estado pleno e ideal para resultados positivos.

Referências

APPLEY, C. N.; COFER, M. H. *Motivation*: Theory and Research. New York, NY: John Wiley & Sons, Inc., 1967.

CRATTY, B. J. *Psicologia no esporte*. Rio de Janeiro: Prentice-Hall do Brasil, 1984.

DECI, E. L.; RYAN, R. M. *Intrinsic motivation and self-determination in human behavior*. New York: Plenum Press, 1985.

EHUMANAS. *Manual de formação professional Coach* (2019).

PERUCHI, L. H. *Motivação em atletas de alto rendimento de basquetebol*. Dissertação de Mestrado, PUCCAMP, 2001.

RODRIGUES, P. A. *Motivação e performance*. Monografia de final de curso não publicada. Rio Claro: Unesp, 1991.

SAGE, G. *Introduction to motor behavior*. A neuropsychological approach (2. ed.). Reading, MA: Addison-Wesley, 1977.

SALDANHA, R. P. *Motivação à prática regular de atividades físicas:* um estudo com atletas de basquetebol infanto-juvenis (13 a 16 anos). Dissertação de Mestrado, UFRGS – Universidade Federal do Rio Grande do Sul, 2008.

15

COMO A ÁGUIA

Pode-se aproveitar a eficácia de ferramentas modernas na liderança de distintos tipos de grupo? É necessário trazer PNL, hipnose ou *coaching* para o ambiente de trabalhos sociais? Como atuar de forma eficaz com pessoas com dificuldades diversas? Como um líder pode ajudá-las? Convido você a viajar nessas questões para atendermos devidamente a pessoas fragilizadas, mostrando que elas podem ir além!

PE. MARCOS DA SILVA

Pe. Marcos da Silva

Nascido em São Paulo/SP, realizou todos os seus estudos no Seminário Mayor María Madre del Verbo Encarnado – San Rafael, em Mendoza, na Argentina. Foi ordenado sacerdote no dia 7 de setembro de 2005 em Parelheiros, São Paulo/SP, por Dom Fernando Figueiredo. Chegou a missionar em várias paróquias de São Paulo e em outros países, como Rússia e Peru. Atualmente, pertence ao clero da Diocese de Mogi das Cruzes. É Vigário da Paróquia São José Operário – Suzano/SP. Realizou sua formação em Hipnoterapia e PNL pela plataforma Edumind. Também cursou Hipnose Clínica e o Master em Hipnose Clínica pelo Mind Training Academy e suas formações de *professional coach* e *master* em desenvolvimento humano pela EHumanas. Semanalmente, atende pessoas com hipnoterapia em um local próximo da paróquia, com o objetivo de levar um tratamento eficaz para pessoas mais humildes. Realiza cursos de formação e palestras com a finalidade de fazer que muitos mais conheçam a excelência dessas ferramentas modernas.

Contatos
dasilvamarcos792005@gmail.com
Instagram: @pe.marcoshipnose
11 95250-0361

"Havia em certa fazenda, atrás da casa do dono, um grande viveiro de perus. Nela, um jovem peruzinho que se sentia triste entre eles, meio que distinto dos demais, porque era, para os padrões de beleza dessa classe de aves, um 'bicho estranho', inclusive assim era chamado pelos demais.

Um belo dia de sol, 'Bicho Estranho' resolveu passear um pouco ao ar livre, levantou a vista ao céu… e que momento mágico! Que cena arrebatadora para ele! Viu uma águia em pleno voo cruzando os céus de maneira majestosa e livre!

Aquilo tocou no mais profundo do seu ser! Tanta liberdade, soltura e independência o apaixonaram imediatamente. A mágica foi tanta que Bicho Estranho, tomado por essa cena, abriu as asas e ameaçou tentar um voo, quando do nada aparece um peru gordo e velho que, com glu-glus de chacota, ridicularizou o jovem colega.

– Que tá fazendo moleque? – ironizou zombando dele.

– Nada – disse o outro com vergonha, ciscando a terra e olhando para baixo, prevendo outra humilhação. – É que me entusiasmei olhando aquela águia voando e fiquei imaginando como seria voar como ela! – completou.

Veio um glu-glu-glu vexatório, seguido de uma gargalhada à custa do jovem sonhador.

– Você me mata de rir! Nós, os perus, não estamos para essas coisas! Estamos para ciscar a terra, comer minhocas e andar com nossos irmãos, fazendo o que todo peru faz, ainda que você seja meio esquisito! Não perca tempo sonhando bobagens que não poderá fazer nunca, meu rapaz! Vamos com os outros! Um peru voador! hahaha.

E Bicho Estranho seguiu cabisbaixo ao velho e passou toda a sua vida insatisfeito com ser peru, triste por apenas poder ciscar a terra e falar seu glu-glu-lês básico, sem nunca fazer ou aprender nada novo, passando toda a sua vida com estes e outros hábitos repetitivos deles.

Jamais foi além daquele viveiro... E o mais triste, ele jamais descobriu que na verdade ele não era um peru!

Como assim? Simples: Quando ele era ainda um ovo, um malvado pássaro o roubou do ninho de sua mãe, a águia, para vingar-se, digamos, 'de tanta nobreza que havia nela'. E o deixou ao que seria conhecido como Bicho Estranho no ninho de alguma família de perus daquele viveiro!

Assim, quem nasceu para desbravar os céus ora em aventuras, ora caçando suas presas, comeu minhoca toda a vida e foi tido como 'Bicho Estranho' até o fim dos seus dias."[1]

E assim começa, meu querido leitor, nossa aventura pelos sendeiros da liderança com algo fundamental para todo aquele que se sinta convidado a caminhar nessa trilha: Saber ouvir a si mesmo e seguir a sua essência!

O que uma coisa tem a ver com a outra?

Acontece que muitas pessoas levam a liderança no seu DNA, em seu perfil comportamental inclusive, só que apesar de sentir isso como algo próprio, muitos se esquivam dela, com uma falsa ideia de humildade.

Isso faz com que muitos vivam como nosso *Bicho Estranho*. É mais simples falar como todo mundo, que "não sou capaz", "você é melhor", "não sei fazer", do que ver a **realidade** de que você nasceu para dar um passo à frente dos demais, e isso para servir melhor a quem precisa, porque dispor-se a liderar grupos é um dos maiores serviços sociais que podem existir em nossa sociedade.

Quando se vive a liderança de fato!

Basta pensar no bem que se pode fazer, como muitos líderes comunitários, incentivando distintas pessoas a irem além, especialmente em zonas mais carenciadas, que sobram em nosso mundo.

Investir na formação dos seus líderes é o melhor que um grupo pode fazer para si mesmo e para a sociedade, vendo o bem enorme que isso significa.

Aqui deixo depositada minha gratidão a Wilson Nascimento, principal provocador para a existência deste artigo, pelas três distintas formações que me brindou, de modo particular pela última, a de "Master em Desenvolvimento Humano", a mais enriquecedora de todas (até o momento, já que a EHumanas é uma caixinha de surpresas). Uma vez mais, gratidão, mestre!

---

[1] Adaptação minha de uma fábula do Pe. Leonardo Castellani [Doce Parábolas Cimarronas. Argentina: Ediciones Jauja].

A liderança

Agora te convido sem mais delongas a embarcarmos juntos nessa troca de experiências. Aclaro que se bem pelo fato de ser padre falarei dentro dos grupos que conheço e dirijo; como o foco é uma liderança diferenciada, aplica-se em definitivo a todo tipo de grupo, sabendo aplicar o que cada um precisa.

Lideranças tóxicas

Muitas vezes, quando a liderança recai sobre uma pessoa inconveniente, pode-se aplicar a ela aquela curtíssima fábula atribuída ao Pe. Leonardo Castellani:

"Um homem que estava sentado na porta de um bar em um bairro qualquer vê um amigo dele correndo desesperado, gritando:

– Fujam todos! Fujam!

E seu amigo desde o bar lhe grita:

– O que aconteceu? Ataque dos índios? Invasão dos ingleses?

– Muito pior... Vi um néscio com poder! Fujam todos! Fujam!!!"

Porque sim, há líderes que usam mal do seu posto e terminam sendo odiados pelo seu grupo, e pior, quando se esquecem dos membros e buscam apenas o que lhes convêm, realmente chegam à categoria do néscio descrito.

E para que nenhum de nós mereça esse título, precisamos nos perguntar sobre a nossa qualidade como líderes.

Como lidamos com pessoas que vivem os problemas e desafios desta época? Dedicamo-lhes tempo? Atenção? Buscamos ajudar ou falamos que o que têm é frescura, preguiça?

Pare um pouco e busque lembrar dos bons líderes que passaram por sua vida: professores, coordenadores, chefes, líderes comunitários bons e dedicados. Como te trataram quando sofria? O que pode imitar deles? O que pode fazer melhor que eles? Como gostaria de ser tratado quando você está mal?

Uma humanidade doente

Considerando que, segundo a OMS, metade do mundo vive com depressão ou transtornos afins e São Paulo tem atualmente o título de cidade mais depressiva do mundo, nossos grupos não podem tratar seus membros como se tratava anos atrás, devido às particularidades dessa época.

Pensemos que boa parte inclusive do problema também real do abandono da religião se refere à ausência de lideranças devidamente preparadas para a problemática única das pessoas que vivem essa realidade, porque em um momento de tanta debilidade elas buscam quem realmente as ajude a superar suas dores!

Uma liderança preparada

Que diferente seria nossa história se em cada líder houvesse alguém devidamente preparado para lidar com essas pessoas!

Pensemos como seria ver um jovem chegar a uma reunião com cortes no seu braço e você poder ser a ajuda de que ele precisa! Ou com um casal em uma crise profunda, ou que pessoas que sofrem com depressão ou outro transtorno podem encontrar em você o que precisam! E isso está a seu alcance!

Digo por mim mesmo, desde que fiz minha formação em hipnoterapia (terapia que usa a hipnose como sua principal ferramenta), pude ajudar de modo muito mais eficaz, já que, muitas vezes, atendo a pessoas que pedem assistência espiritual, quando o que precisam de fato é de terapia, e com as demais formações de PNL e Coaching percebi que aumentei significativamente a eficácia do atendimento de quem sofre.

E ainda que não passe de uma conversa, muitas vezes por apenas apresentar a questão de outra forma, com a ferramenta certa, você consegue mover a pessoa a algo melhor.

O líder precisa convencer!

Gostaria de citar um trecho célebre que está, do meu ponto de vista, intimamente ligado a todo tipo de liderança: a persuasão!

"...Falamos como as pessoas têm sentimentos diferentes sobre o poder. Algumas pensam que, de alguma forma, é inconveniente, significa ter controle indevido sobre os outros. Permita-me dizer algo: no mundo moderno, a persuasão não é uma escolha.

É um fato presente na vida. Alguém está sempre persuadindo. As pessoas estão gastando milhões e milhões de dólares para que suas mensagens saiam com poder máximo e técnica.

Portanto, ou você ou outra pessoa qualquer persuadem. A diferença no comportamento de nossos filhos pode ser a diferença entre quem é o mais persuasivo – você ou eu, ou o traficante de drogas. Se quiser controlar sua vida, se quiser ser o modelo mais elegante e efetivo para aqueles por quem se preocupa, você tem de aprender como ser persuasivo. Se você abdicar da responsabilidade, há muitos outros prontos para preencher a vaga" (ROBBINS, 2017).

Como fica claro, se não formos nós, outros utilizarão a persuasão, muitas vezes para proveito próprio. E temos a oportunidade de utilizar dela para otimizar nossos liderados, transformando suas vidas em algo excelente, especialmente quando lidamos com jovens!

Por onde começo minha preparação para ser um líder diferenciado?

Pelo que estivemos falando anteriormente, o primeiro passo é conhecer a si mesmo, sem medo da verdade, já que, como diz Sun Tzu em *A Arte da Guerra*: "Direi, pois: Conhece-te a ti e a Teu inimigo, e em 100 batalhas que sejam, nunca correrás perigo".

Portanto, à medida que me permito descobrir e viver o meu propósito de vida, minha essência, vou poder persuadir melhor meus liderados ao ponto que percebam, em última instância, como são amados.

Em certo treinamento, ouvi que "somos fortes quando expomos nossa fragilidade", e é verdade.

Por exemplo, nossa sociedade tem como padrão de que um líder deve mostrar-se sempre forte e para isso não pode expor suas fraquezas, sentimentos como medo, tristeza etc. Dr. Augusto Cury, no seu livro *O homem mais feliz da história*, mostra como o Mestre dos mestres quebrou isso na noite em que foi preso: "...quando disse a seus discípulos prediletos 'triste está minha alma até a morte'", mostrando que está tudo bem demonstrar o que sentimos, porque para quem vê, isso lhe dá a liberdade de expressar sem medo o que sente, já que seu líder já fez isso.

Pode ser que não seja um caminho agradável, mas é a maneira real de lidar com nossos conflitos internos.

Em definitivo, conhecer-se e trabalhar a si mesmo só vai levar você a realizar-se mais plenamente, e com treinamentos para alcançar essa meta recomendo encarecidamente as formações de Professional Coach e Master em Desenvolvimento Humano, que para mim foram singulares nesse aspecto. Inclusive, sou muito grato a essas formações, que me ajudaram a trabalhar meus defeitos. Anime-se você também! Você (e seu grupo) só tem a ganhar com isso!

Empatia

Tendo começado o caminho do autoconhecimento, poderemos nos aventurar no lugar mais difícil de estar e mais necessário quando falamos de grupos: **o lugar do outro!**

Quantos, ao tratar com outro, se esquecem de que diante deles há um ser humano? Quantas vezes o grupo só cobra e não é capaz de perguntar a seus membros como estão, ou em que podem ajudar hoje?

Quantas e quantas vezes pessoas sem empatia, boas em cobrar, mas muito ruins para considerar quem está a sua frente, ofendem seus liderados?

No caso de grupos religiosos, quantas vezes esse tipo de conflito acaba causando o afastamento de muitos, e o que deveria unir termina se tornando motivo de separação, por não ter em conta a regra de ouro do evangelho, que em termos modernos chamamos de empatia: "Tudo o que quereis que os homens vos façam, fazei-o vós a eles. Esta é a Lei e os profetas". São Mateus 7, 12.

Aplicando no grupo

Para começar a trabalhar melhor nos nossos grupos, porque não convidar cada membro ao autoconhecimento?

Quando os membros conhecem mais sobre seus perfis comportamentais (temos hoje muitas análises excelentes e acessíveis) e reconhecem o perfil dos outros, os conflitos diminuem drasticamente.

Algumas ferramentas simples, como a roda da vida e análise SWOT, podem fazer um bem enorme quando aplicadas a cada membro. Com jovens, ferramentas como a missão podem ajudar a que se questionem sobre sua razão de ser, seus sonhos, carreira, entre muitas outras questões.

Depois disso, em algum momento pode-se fazer uma avaliação do grupo com a SWOT, e posteriormente melhorá-lo.

Tenho aplicado algumas dessas ferramentas em grupos de jovens, e o resultado é sempre surpreendente!

Despertando gigantes

Eu consigo pensar como isso começa, mas não como termina, talvez porque atender ao próximo dando o melhor de si pode nos levar a algo inimaginável, não só dentro dos nossos grupos, senão enquanto sociedade.

O mesmo Tony Robbins diz no mesmo livro já citado que "**O sentido da vida é dar**". Estou em pleno acordo com ele, e se o seu ideal supera esse mundo pela sua fé em algo maior, saberá aquele ensinamento de Jesus que nos chega pelo livro dos Atos dos Apóstolos, de que há maior alegria em dar do que em receber (Atos 20, 35).

Este capítulo é um singelo convite em poucas páginas a você, líder de grupo(s), a aventurar-se pelo caminho do risco, do novo, aproveitando tantos meios e ciências modernas para persuadir ainda mais pessoas a uma causa nobre, ou dar a oportunidade de sonhar para quem, por A ou B, não encontra motivo para tal.

Desejo sinceramente a você, considerando o momento de vida em que está lendo este artigo, que **nunca** viva na mesmice do viveiro, como um peru, senão que reconheça que seu destino, ao liderar e persuadir pessoas para algo melhor, te faz semelhante à águia.

Portanto, apenas posso desejar-lhe altos voos! Acredite em você, porque vale a pena!

Agradecimento a Isabela Oliveira por seus trabalhos fotográficos.

Referências

BÍBLIA. Evangelho de São Mateus 7, 12. *Sagrada Bíblia Católica: Antigo e Novo Testamentos.*

BÍBLIA. Atos dos apóstolos 20, 35. *Sagrada Bíblia Católica: Antigo e Novo Testamentos.*

CASTELLANI, Leonardo. *Doce parábolas cimarronas*. Itinerarium, 1959.

ROBBINS, Tony. *Poder sem limites: a nova ciência do sucesso pessoal.* BestSeller, 2017.

16

VIDA E EQUILÍBRIO: DESAFIOS CONSTANTES

Todo profissional, antes de ser especialista de alto desempenho, é um "ser humano" com crenças e valores, que precisam ser entendidos e, com isso, crescer em todas as áreas da vida. Muitas vezes, quando focamos em uma só área, saímos do prumo, refletindo em insegurança e culpa. Entender a necessidade do equilíbrio e descobrir os caminhos para uma vida mais centrada é essencial para o autoconhecimento.

SIMONE LOPES

Simone Lopes

Graduada em Serviço Social pelo CESCL. MBA em Gestão Pública com ênfase em Administração, MBA em Gestão de Projetos, *leader coach* com reconhecimento internacional pela World Coaching Council e Universidade da Flórida. Tem experiência de mais de 20 anos em empresas de médio porte na área de Saúde. Gestora na área administrativa e financeira há 5 anos, desenvolvimento de projetos na área hospitalar. Capítulo publicado, em 2018, com o tema "Como ter equilíbrio e gerar resultados extraordinários" na obra *Os segredos da alta performance*, publicada pela editora Literare Books.

Contato
simonelr001@yahoo.com.br

Em busca da felicidade!

O que fazer para alcançar a felicidade em uma época em que a velocidade das informações e do pensamento toma lugar de toda a nossa capacidade de respirar? Onde estaremos quando a era da SPA (síndrome do pensamento acelerado) passar (se é que ela irá passar)? Em meio ao turbilhão de emoções, sentimentos, pensamentos, informações, como podemos ser felizes e alcançar o melhor de nós mesmos? Será possível reconhecer diante de tanta concorrência o merecimento da felicidade? Essas reflexões nos trazem de volta a nós mesmos, internalizam um olhar crítico no nosso eu, no qual podemos buscar os verdadeiros motivos para sermos felizes.

A caminhada é longa até o nosso interior e a busca do automerecimento é quase uma tortura, pois muitas vezes procuramos essa consciência nos outros. A dita "felicidade" do mundo moderno é estampada em redes sociais, onde todos estão sempre sorridentes em suas melhores roupas, paisagens e poses. Mas será mesmo essa a verdadeira felicidade? Quantas pessoas conseguem olhar para dentro de si e dizer sinceramente "eu mereço ser feliz" ou "eu sou realmente feliz". A busca pela felicidade fútil, descartável, artificial e principalmente superficial não só maquia como atrasa e atrapalha o encontro com a felicidade real.

Veja bem, se você está em alta nas redes sociais, as pessoas têm curtido e comentado suas postagens, você conseguiu vários seguidores, como está seu grau de felicidade? Será que essa sede de expectadores e rapidez da informação não gera um sentimento de insatisfação, vazio e ansiedade ainda maior, fortalecendo uma alienação, falta de vínculo e perda do senso de respeito ao espaço e imagem do outro, por meio de um marketing superficial e momentâneo?

A geração do imediatismo tem se mostrado desinteressada, ou com perda de interesse de forma rápida, sem ideais, projetos e objetivos e, apesar de haver diversas exceções, sabemos que as pessoas vêm desenvolvendo crises emocionais que podem levar a danos irreparáveis ou até ao suicídio.

A busca pela felicidade vem dos primórdios, é o que dá sentido à vida. Estamos sempre em busca de um significado para nossa existência, mas o problema é que muitas vezes atropelamos nossos sonhos e ideais. Nossa essência humana busca uma felicidade estampada na vida do outro, criando assim um vazio extremo e eterno, no buraco sem fundo do nosso "Ego".

Ressignificando a felicidade

Para que seja possível ressignificar nosso conceito de felicidade, é importante quebrar algumas crenças limitantes, como: eu não posso, não acredito, isso não é para mim, eu não mereço... entre outras crenças que nem percebemos ter.

Muitas vezes, podemos precisar de ajuda para perceber quais crenças nos impedem de performar, pois como elas nos acompanham desde nossa infância, passam a ser parte de nós e se misturam a nossa verdadeira essência. Essa camuflagem, por assim dizer, nos torna cegos e cria barreiras contra nosso próprio crescimento. O despertar da autoconsciência e a quebra desse conceito de infância implantado pelos outros em nossa vida pode se dar por meio de uma decisão autônoma, conseguida pelo interesse e estudo do tema, ou com uma ajuda profissional, como psicólogos ou coaches, que podem auxiliar no autoconhecimento e quebra de ideias fixadas em nosso inconsciente, repassadas de geração para geração.

Outra ferramenta muito utilizada e de grande importância para a quebra das crenças limitantes é a constelação familiar, que auxilia na aceitação e entendimento das experiências passadas, traz ao indivíduo a capacidade de honrar seu passado, mostrando que só é a pessoa que se tornou porque viveu a história que viveu, ou seja, você se torna aquilo que sua história conta sobre você. A constelação também te mostra a importância dos papéis bem definidos dentro da hierarquia familiar na sua vida e como isso influencia no seu progresso futuro, pois existem coisas que não deixamos para trás, e que os nossos ancestrais têm uma grande influência em nossas atitudes e vida futura.

Após a quebra dessas crenças e mergulho no seu íntimo, muitas máscaras que criamos para que possamos circular em sociedade, trabalho, amigos, amores e até as que utilizamos diante do espelho se desfazem. Isso nos mostra o verdadeiro "eu" com muitas qualidades e defeitos, desafios e oportunidades, que ficam mais claros e com objetivos mais definidos e reais, pois a partir desse ponto será possível vivenciar algo sólido, livre dos limites e medos que acreditamos a vida inteira serem nossos, mas que na verdade eram de nossos pais, tios, avós.

A recriação de nossa realidade e conceitos a partir de nossas experiências de vida, e não dos outros, nos traz infinitas possibilidades, pois nos liberta, amplia a visão de mundo, torna-nos mais centrados e conscientes do espaço do outro em nossa vida. O respeito ao limite nas relações humanas se torna natural, deixando de ser invasivo, ofensivo e destrutivo, pois nos tornamos mais seguros e fortes, capazes de lidar com a independência própria e principalmente a alheia, pois muitas vezes criamos laços de dependência com o outro por acreditar que se o outro não tiver autonomia, certamente não nos abandonará. Essa é mais uma crença que muitas vezes é inconsciente, mas altamente tóxica ao crescimento do ser humano.

Durante essa busca do autoconhecimento, devemos nos resguardar das promessas mirabolantes de empoderamento e autopercepção imediata, que podem ser apenas superficiais, não despertando realmente seu EU interior, mas que muitas vezes, fazem com que você apenas se torne uma pessoa altamente arrogante e superficialmente segura, ou seja, alguém que se esconde através da máscara do autocontrole e do ar de superioridade.

O mais importante é você mergulhar de coração aberto no autoconhecimento, escolher ser feliz, sair da autopiedade e das desculpas para se manter na situação de vítima e, para isso, se preciso for, escolher o caminho mais leve para alcançar o objetivo, que pode ser através de uma religião a qual você tenha afinidade, uma terapia psicológica, holística ou outra similar; o importante é que você se sinta conectado com sua escolha e que se identifique com o método utilizado.

Existem algumas terapias e ferramentas que podem auxiliar no desenvolvimento pessoal, autoconhecimento, equilíbrio e organização dos pensamentos e ideias, além das relações humanas e as várias formas de se comunicar; basta reconhecer a necessidade e buscar conhecimento e ajuda.

Perdão, autoperdão e psicologia positiva

O primeiro passo para o autoconhecimento é se perguntar se você realmente quer se conhecer, perceber-se como realmente é. Para isso, será necessário se fazer as seguintes perguntas:

- Quem sou eu?
- Qual a minha história de vida?
- Quais as crenças que criei em torno da minha história?
- Quais são meus valores?
- Tenho mágoas e culpas do passado que me atrapalham a seguir adiante?

- A quem tenho de perdoar?
- A quem tenho de agradecer?
- Quais são os meus sonhos?
- Qual é o meu legado?
- Qual contribuição quero deixar para este mundo?

Perdoar, agradecer e entender a nossa história nos deixa mais perto de quem realmente somos. Apesar de ser uma longa caminhada, o autoconhecimento é fruto da consciência do que fomos ontem e do decorrer de toda a nossa existência. Tornamo-nos a soma de nossos acertos e erros, o que nos faz melhores é como os encaramos e lidamos com essas diversidades.

A forma como olhamos para nosso passado nos faz o que somos hoje. Por isso, perdoar e agradecer aos outros e a nós mesmos é tão importante; afinal, não conseguimos mudar aquilo que foi vivido, mas somente honrar e respeitar esses fatos como parte de nossa existência terrena.

O importante não é olhar para trás e encontrar um culpado, mas olhar e entender o nosso presente e projetar nosso futuro.

Ao perdoar, podemos colocar um olhar de amor sobre a situação e aprender como poderia ser diferente se você tivesse feito de outra forma, pois temos controle de nossas ações, e não das ações de outras pessoas.

Ao agradecer, damos a nós e ao outro a alegria de receber toda a energia positiva de uma situação, mesmo que ela tenha te levado para um ponto inesperado. Tudo depende da forma como queremos interpretar os acontecimentos e a nossa história.

É muito importante entender que o perdão é um exercício diário, uma tentativa real de se colocar na situação ou no lugar do outro a fim de criar definitivamente um ponto final em um sentimento de mágoa, raiva ou rancor.

Sabemos que é muito difícil perdoar aos outros e a nós mesmos, pois o nosso EGO irá sempre nos levar à posição de vítima ou de vilão, sem compaixão, caridade ou olhar bondoso sobre uma determinada situação. Por isso, deve ser uma prática diária, de tentativas e persistência, pois a partir do momento em que você conseguir se perdoar, será muito mais fácil perdoar aos outros, entender o contexto de uma determinada situação e os motivos que o levaram a agir daquela forma.

É muito importante, para conseguir exercer o perdão e o autoperdão, entender os lutos que passamos no decorrer da vida; eles devem ser vividos, respeitados e honrados, pois fecham um ciclo para que outro comece, um indicador de transformação e renovação.

Como já foi dito anteriormente, a busca da felicidade vem de muitos anos e é o que dá sentido à nossa vida. Estamos sempre à procura de um significado para nossa existência; portanto, é necessário ressignificar o conceito de felicidade e não deixar que o imediatismo e o EGO atropele nossos sonhos e ideais ou ultrapasse a essência humana.

A busca de uma vida plena, baseada na história do outro ou aceitação de todos, faz com que nos tornemos um ser sem sentido e sem objetivos reais. Por isso, agradeça, perdoe, seja leve, pare, recomece, reprograme-se... mude!

O silêncio pode ser um grande aliado no "mergulho do seu ser".

Temos de nos tornar a mudança que queremos ver no mundo, precisamos ser o espelho da mudança que estamos propondo. Se eu quero mudar o mundo, tenho de começar por mim mesmo.

Referências

ASSIS, V. Coaching e empowerment. In: *Coaching de carreira.* SITA, M. (org.). São Paulo: Literare Books Internacional, 2016.

GULEMAN, D. *Inteligência emocional.* Rio de Janeiro: Objetiva, 1995.

MATTEU, D. de; NASCIMENTO, Wilson. *Livro de metodologia & leader coach.* São Paulo, 2016.

MAXWELL, J. C. *Você pode realizar seu sonho.* Rio de Janeiro: Thomas Nelson Brasil, 2009.

RICHARDSON, C. *Sua vida em primeiro lugar.* Rio de Janeiro: Sextante, 2002.

STANCOLOVICH, É. *Resiliência: vença o stress e controle a pressão antes que eles dominem você.* São Paulo: Ser Mais, 2015.

17

CONSCIENTIZAÇÃO FINANCEIRA

Não importa onde você vive. O dinheiro faz parte de toda a sociedade. Mas dentro desse conceito, o que significa conscientização financeira? Quais passos precisamos dar para essa conscientização? Por que saber como gastar é mais importante do que quanto ganhamos? Quais são as perguntas que devo fazer a mim mesma(o) na hora de uma compra? Se o dinheiro faz parte da sua vida, não deixe de ler este capítulo.

SOLANGE UWADA

Solange Uwada

Nascida em São Paulo, no ABC Paulista, em 7 de outubro de 1970. É administradora de empresas e cursa mestrado em Neuromarketing na FCU (*Florida Christian University*) (Flórida/EUA). Deixou o Brasil em 1991, aos 20 anos de idade, com destino ao Japão sem saber nada sobre o que iria encontrar pela frente, sem falar a língua local (japonês), mas com o sonho de juntar dinheiro e retornar ao Brasil em um período de dois anos. Hoje, após quase 30 anos fora do Brasil, com 50 anos de idade, esposa, mãe de três filhos e sogra, atua como tradutora intérprete (japonês/português), corretora de imóveis e educadora financeira. Decididamente, sabe que seu legado — sua missão de vida — é ajudar a sua casa, a sua família e ao próximo na conscientização financeira.

Contatos
solange@yukimienterprise.com
Instagram: @solangeuwada
Facebook: Solange Uwada
YouTube: Solange Uwada
81 90 9387-2459

Conscientização financeira

A credito que a Educação Financeira deveria fazer parte da grade curricular das escolas regulares para que, desde a infância, a Conscientização Financeira fosse estimulada e se tornasse um hábito para todo ser humano, independentemente da crença, raça e/ou religião.

Sabemos que grande parte da humanidade sofre com problemas econômicos que acarretam enfrentar grandes dificuldades em vários setores da vida.

Será que deixamos de planejar nossa vida financeira ou ignorávamos essa necessidade?

Quais consequências podem acarretar a falta de planejamento financeiro?

Tenho insistido nesse tema de **conscientização financeira** pelo seguinte motivo:

Vou contar um pouco da minha história. Sou a filha mais velha, nascida em Santo André, no ABC Paulista, após um ano de casamento dos meus pais. Meu pai era um sonhador que saiu da Bahia com 15 anos rumo a São Paulo para tentar a vida, e minha mãe, dona de casa nascida no interior de São Paulo.

Nasci com intolerância à lactose e tomei suplemento à base de soja, que custava todo o salário do papai, que na época era cavador de poço. Então, meus pais comiam apenas arroz e repolho, pois eram os únicos recursos daquele momento. Foi escutando essas histórias que tive a vontade de expressar minha gratidão e poder ao menos oferecer um presente nos dias dos pais ou das mães, nas datas de aniversário ou Natal e Ano Novo. Com esse pensamento, aos 7 anos de idade comecei a pensar em formas de ter dinheiro para que pudesse presentear meus pais.

Desde muito cedo, comecei a fazer toalhas de crochê e vender para a vizinhança. Contudo, logo descobri que as pessoas à minha volta não davam valor para artesanatos. Porém, notei uma chance para atuar com vendas. Convenci uma amiga a deixar que eu vendesse seus produtos de catálogo. Ela ofereceu 10% de comissão referente às vendas obtidas, mas o que ela não imaginava é que aquela criança em poucos meses estaria batendo todas as cotas de venda e a cada mês ela aumentava a minha comissão. Também descobri que as donas de casa não compravam muito, pois muitas dependiam do salário dos maridos. A maioria falava "Preciso falar com meu marido". Comecei então a esperar esses maridos chegarem em casa para levar o catálogo e logo fiz uma cartela de clientes. Eles não compravam só para si, mas já compravam o presente de aniversário da esposa e de outras datas comemorativas.

Então, desde muito cedo aprendi a dar valor para o dinheiro, a colocar metas e ter foco para alcançar os objetivos, mas acredito que nunca tenha deixado que o dinheiro se tornasse o meu senhor.

Tive meus primeiros contatos com descendentes de japoneses na escola do bairro onde morava. Essa amizade resultou em uma paixão e assim encontrei meu príncipe encantado. Com 20 anos de idade, casei-me com um descendente de japonês e mesmo sem saber falar uma palavra em japonês embarquei para o país do sol nascente em 1991.

Acredito que, como eu, muitas pessoas saíram do Brasil em busca de realizar vários sonhos e muitas metas. Eu tinha um plano de permanecer no Japão por dois anos. Hoje, quase 30 anos depois, continuo morando no Japão com a profissão de tradutora e intérprete, sendo esposa e mãe de três lindos filhos. Como eu, mais de 200 mil brasileiros também acreditaram que ficariam uns dois anos fora do Brasil, mas por algum motivo acabaram no país por muito mais tempo, nem sempre conscientemente. Vários acabaram deixando os sonhos de lado, esquecendo-se de criar outros sonhos e não desenvolveram a conscientização financeira. Alguns por terem crenças limitantes, outros não perceberam o tempo passar e muitos hoje passam por dificuldades financeiras, apesar de terem desfrutado das mesmas oportunidades que eu e tantas outras pessoas. Muitos de nós passamos por adversidades, mas com foco e determinação podemos alcançar as metas estabelecidas.

Realizando meu trabalho sobre **conscientização financeira** viajando por muitos países, tive o prazer de conhecer pessoas de continentes e culturas bem diferentes, mas que vivenciam os mesmos problemas financeiros.

Perguntei-me: Por que algumas pessoas conseguem ter êxito financeiro e outras não? Onde está a diferença?

E foi procurando por essa diferença que descobri sobre as duas palavras que para mim fazem toda a diferença: **conscientização financeira**.

Por algum motivo, essas pessoas que não tiveram êxito ou não alcançaram as metas e sonhos podem ter tomado decisões automáticas por falta de análise e planejamento que acarretam dívidas e acabam tornando-as escravas do dinheiro e do trabalho. Nascer pobre pode ser uma situação daquele momento, mas morrer pobre é uma escolha.

O processo de educação financeira consiste em expandir a consciência financeira, o que não é tão simples, demanda tempo, esforço e determinação para compreender como é possível fazer a administração das rendas.

Esse processo traz a consciência de que não é o quanto se ganha e sim **como se gasta** ou como se investe a renda.

Quando abaladas emocionalmente, algumas pessoas desejam compensar com compras, acreditando que alcançarão felicidade ao possuir algo novo, mas pare e pense: quando chegar a fatura de pagamento, será que essa pessoa não perderá o sono preocupada se terá ou não como cumprir esse compromisso de pagamento?

É importante verificar a real necessidade da compra, perguntando a si mesmo – **eu realmente preciso** desse produto? Fazer essa pergunta antes de qualquer compra poderá ajudar a avaliar e determinar se a aquisição tem valor e utilidade.

Você domina o dinheiro ou deixa ele te dominar?

O destino do salário recebido deve ser planejado e decidido por você, e não pelas faturas que chegam desenfreadamente, fazendo cobranças sobre despesas feitas de forma descontrolada.

Se todo o rendimento for destinado a pagar contas, há uma dependência do salário mensal e você está trabalhando somente para pagá-las.

O trabalho pode ser feito com satisfação pessoal e não apenas devido à obrigação de pagar contas.

Não há uma forma correta ou a receita certa para o sucesso, que é cobrado desde muito cedo. Quando pequenos, nos incentivam a estudar bastante para ter um bom emprego, casar, ter filhos, cuidar dos netos... Façamos uma reflexão: o que você deixou de fazer já passou, o tempo não volta; o importante é o que você pode começar hoje.

Podemos iniciar a mudança escrevendo nossos sonhos no papel, assim é possível criar ações e descobrir quais são as ferramentas necessárias para chegar à vida ideal.

O que é vida ideal para você?

Muitas vezes vemos postagens do tipo expectativa vs. realidade, em que a realidade não condiz em nada com a projeção da expectativa. Será que você vem reproduzindo essa expectativa vs. realidade em sua vida? Para que você possa mudar a sua realidade são necessárias ações. Não estou falando em ações financeiras nesse momento, mas você precisa agir e ter muita sabedoria.

Acredito que a vida que idealizamos para o futuro, por vários fatores, poderá e deverá sofrer muitas mudanças.

Você já deve ter ouvido alguém falar que está de "saco cheio do trabalho". Mas para que essa pessoa alcance uma posição de trabalho melhor, mais bem remunerada, ela precisará aperfeiçoar o currículo. Por exemplo, aprender um novo idioma ou o idioma local de sua nova residência (para quem mora ou deseja morar fora do Brasil, aprender um novo idioma é primordial), melhorar sua comunicação, fazer cursos de liderança, entre outros. Assim, melhorará seu currículo a um ponto em que possa optar pela carreira profissional que quiser e tenha muitas escolhas, em vez de esperar ser escolhida.

Para que você não passe a vida em expectativa vs. realidade, é necessário agir, sair da zona de conforto. Para isso, é preciso fazer escolhas que podem ser difíceis. Algumas mudanças exigirão sacrifícios, porém sempre tenha em mente que após a tempestade vem a bonança.

Recentemente, eu e minha família tivemos a oportunidade de fazer passeios extraordinários com pessoas extraordinárias em locais espetaculares, mas um dos meus filhos optou por não estar conosco. Ele gostaria muito de ter participado, mas disse que tinha uma meta e que, para alcançá-la, precisaria estudar muito, porque não há sucesso sem sacrifício; porém, assim que ele concluísse a meta, estaria conosco em outra oportunidade. Você não vai passar a vida toda fazendo sacrifícios, mas apenas por um período de tempo; após esse sacrifício poderá haver grandes mudanças.

A procrastinação na hora da tomada de decisões, entre tantas crenças limitantes, acaba por gerar ansiedade e outros problemas que levam ao consumo desregrado.

Essas reflexões são muito importantes para que se comece a descobrir o que é a conscientização financeira. A prática de todas as informações obtidas na área financeira e aplicada pode gerar os resultados desejados a fim de que sejam criadas condições de liberdade financeira.

Muitos especialistas têm publicado obras excelentes, como o Professor Dr. Wilson Nascimento, com perguntas poderosas como: "Qual é a sua essência?"

Outros nos ensinam sobre a palavra dinheiro, que apesar de pequena tem o poder de girar o mundo, construir ou destruir famílias e impérios.

Um deles, o Dr. Reinaldo Domingos, ensina-nos que "ter dinheiro não tem segredo".

Thiago Nigro, o Primo Rico, em seu livro *Do Mil ao Milhão,* diz que "o sucesso não é para todos, mas para aqueles que estão dispostos a quebrar paradigmas e se sacrificar em um determinado ponto".

O autor Guilherme Tavares nos ensina em seu livro sobre "A ciência do medo" que o dinheiro precisa circular, e todas as vezes que aprisionamos algo a vida também começa a ficar aprisionada e pesada.

Uma pessoa que admiro bastante e que leva muito aprendizado a todos é o grande Rick Chesther, que nos ensina sobre a semeadura. Para colher precisamos semear, mas após a colheita precisamos adubar a terra a fim de plantar novamente. Caso faça a plantação por muitas vezes sem adubar a terra, será que terá uma boa colheita?

O sucesso não é alcançado por quem deixa a vida levá-lo, mas por aquele que a leva para onde quer. A vida impõe decisões complicadas, mas é preciso que haja consciência sobre onde se quer chegar.

A mídia e as redes sociais acabam tendo grande influência em nosso comportamento e consumo; e para não ficarmos de fora acabamos fazendo o que diz a tendência, a fim de ter a sensação de pertencimento.

Já a mente consciente consegue pensar, analisar, criar a possibilidade de ressignificação e cocriação de novas crenças fortalecedoras, novas metas, novos sonhos e quebra de paradigmas, a fim de ter uma vida saudável e próspera.

Portanto, a Conscientização Financeira e a Educação Financeira podem fornecer ferramentas fundamentais para o despertar de uma mente saudável e consciente para os valores reais e abrir caminhos para a liberdade financeira, que possibilitarão uma vida plena, proporcionando legados significativos para outras gerações.

Agora é o momento para refletir e criar ações a fim de que a vida ideal saia do papel para se tornar uma realidade.

O que e como fazer para alcançar a liberdade financeira?

Um dos primeiros passos é anotar todos os gastos, até mesmo aqueles que acreditamos não fazerem diferença por ser um valor insignificante.

Após ter o hábito de anotar todos os gastos, verifique qual a porcentagem de gastos mensais sobre seu ganho mensal, mesmo que os números não sejam os ideais. Você pode criar essa realidade fazendo com que se tornem números ideais.

Claro que isso não acontece como um milagre, pois é necessário **planejamento e dedicação**.

Ciente de seus gastos mensais, crie seu colchão financeiro, que é: o valor dos gastos mensais multiplicado pelo período de seis meses para quem trabalha como colaborador (funcionário) ou de um ano para quem é autônomo.

Caso tenha dívidas, não se preocupe, pois quando você consegue ver com consciência sua vida financeira, grandes coisas acontecem e você consegue a transformação necessária para esse novo universo cheio de novidades. Mesmo antes de estabelecer valores para investimentos, lembre-se de que você é a pessoa mais importante, então se presenteie todos os meses. Assim terá mais vigor e energia para continuar a crescer.

Determine um valor para investimentos, mesmo que seja uma porcentagem pequena, e vá crescendo até que consiga chegar a pelo menos 50% da sua renda. Pensar e planejar hoje como vai querer chegar na sua terceira idade é muito importante. Mesmo sabendo que o dia de amanhã não nos pertence, precisamos ser sábios para que não sejamos pegos de calça curta. Por isso, nunca diga que não é possível, pois nada é impossível a partir do momento em que a vontade esteja dentro de você.

Lembre-se de que cada um é responsável por si e, portanto, não conseguimos mudar outra pessoa, nem podemos culpar outras pessoas pelos nossos resultados. Mas se você fizer as mudanças necessárias para si mesmo poderá servir de um ótimo exemplo e, por meio das suas condutas, incentivar outras pessoas a fim de que elas possam olhar com carinho para si mesmas.

Estude e dedique-se sobre como fazer o dinheiro trabalhar por você; afinal, somente você é responsável 100% por suas ações e seus resultados.

18

EU REALMENTE ME CONHEÇO?

Neste capítulo, mostrarei, por meio de um relato pessoal, como o autoconhecimento pode mudar sua forma de pensar, agir e interferir na sua vida.

TALITA SCARPELINI

Talita Scarpelini

Bacharel em Administração de Empresas (2010) pela Uniseb-COC, *professional coach* (2018) e *master* em Desenvolvimento Humano (2019) pela EHumanas. CEO da empresa de *call center* Hotline Soluções no interior de São Paulo.

Contatos
talita.scarpelini@gmail.com
Instagram: @tsscarpelini
Facebook: facebook.com/talita.satannascarpelini

Antes de falarmos sobre assuntos que considero muito pertinentes atualmente, gostaria de fazer uma breve apresentação sobre mim e contar um pouco da história que me trouxe até este momento lindo de poder contribuir com um livro, o que nem em meus melhores sonhos imaginei ser possível.

Bem, me chamo Talita. Tenho, neste momento, 34 anos e atuo em alguns papéis: mãe, esposa, filha, irmã, tia, amiga, empresária e outros tantos. Mas foi no meu papel de empreendedora que encontrei esse caminho que comecei a trilhar em 2018 e me trouxe até aqui. Comecei a empreender aos 24 anos em uma empresa pequena e, até então, sem grandes pretensões. Meu plano: continuar com a "estabilidade" do emprego em uma multinacional e ir administrando remotamente meu negócio. Durante os 12 primeiros meses funcionou; depois disso, como já era de se esperar, não mais. Quando a empresa estava próxima de completar seus 3 anos eu me desliguei da "estabilidade" e fiquei só com o "sonho". De forma resumida: em 7 anos houve entradas em quadro societário familiar, grandes conquistas, muitas expansões, chegamos a 150 colaboradores e duas "quebras"! Isso mesmo, no auge, no momento de quatro sedes, algumas cidades e muitos colaboradores uma "quebra". E daquelas que te levam ao chão. Isso se deu entre 2016 e 2017 e, sim, eu levei quase 2 anos para iniciar uma mudança verdadeira na minha vida.

Esses dois anos, que apelidei de "anos da sombra", serviram para lamentar, colocar culpa no mundo e acabar com minha autoestima que era enorme; afinal, como Executiva de Vendas fui considerada durante 3 anos consecutivos a "melhor" do Brasil. Minha empresa até então estava entre as cinco maiores do Brasil em seu segmento e, "de repente", por um "azar" eu estava ali "quebrada", presa a atitudes que literalmente não me ajudavam, abraçada às minhas desculpas e minhas crenças que me limitavam e muito. Nesse momento, tudo, absolutamente tudo, era culpa do mundo, da marca que eu representava; sim, era ela a culpada de tudo e não eu. Quando cheguei lá no fundo do poço, bem lá embaixo, sem nenhuma iluminação mais, pensando que deveria buscar por um emprego formal, que eu pensava que também não conseguiria por conta da minha incapacidade, tive a oportunidade de iniciar uma formação de *coach*. Nesse momento eu sinceramente não fazia ideia do que se tratava e nem queria saber, eu queria ir, ares diferentes, quem sabe lá não aprenderia uma nova profissão para seguir em frente?

Chego então a setembro de 2018. Pouco mais de dez funcionários; o faturamento já era 10% do que eu tive um dia, sem lucratividade, sem reconhecimentos, sem futuro e com muitas "muletas" e crenças limitantes, devia estar com cerca de mil delas. E ainda tinha a ignorância, nesse momento entendo isso, de achar que estava tudo bem, pois nada disso era culpa minha.

Já contei muita história; isso, com H, pois é verdadeira. Agora começo a relatar o quanto participar de treinamentos de desenvolvimento humano pode te ajudar a chegar no seu melhor. Não é clichê nem "lavagem cerebral coachniana", não; essa palavra não existe, mas acredito que todos entenderam. Não é porque foi muito difícil, antes de levantar eu fui "quebrada" em pequeninos pedaços, devastada, sem exageros e dramas! E melhor que isso tudo valeu a pena! Tudo!

Na minha primeira formação, a de Professional Coach, realizada pela empresa EHumanas, com o extremamente competente Professor PhD Wilson Nascimento, levei meu primeiro choque de realidade. Sim, como posso "cuidar", ajudar alguém naquela situação que eu estava? E mais que isso: como um ser humano "quebrado", incrédulo, desfocado, sem energia poderia desempenhar qualquer bom papel? Como eu, ser humano, poderia recuperar meu negócio assim?

Vou iniciar com uma citação desse primeiro dia, proferida brilhantemente pelo Wilson, que começou a mudar minha forma de pensar: "cada um está aonde merece estar".

Como assim? A culpa era minha? Não absolutamente, não! Tudo era culpa do universo, da marca, dos colaboradores que não eram comprometidos, da recessão econômica, mas minha? Como era capaz de dizer isso? Foi um choque total. Minha vontade ali era de levantar, ir embora, deixar tudo para lá. O que eu estava fazendo ali?

Sim, porque para mudar um comportamento, primeiramente precisamos mudar um pensamento, fato esse que só vim a pensar de maneira mais profunda na minha segunda formação, da qual falarei mais adiante.

A segunda "paulada" veio quando começamos a falar de valores e missão de vida. Eu jamais havia pensado sobre isso; logo eu, que sempre tive sucesso na vida, não sabia quais eram meus valores e muito menos meu propósito. Nem sequer os meus talentos eu reconhecia mais. Você deve estar pensando: para que isso? Eu te digo, a não ser que você queira seguir a filosofia "Deixa a vida me levar...", você precisa sim conhecer profundamente seus talentos, seus valores e seu propósito de vida. Muitas vezes somos infelizes em relacionamentos pessoais e profissionais por não nos conhecer a fundo e confrontar nossos valores. Uma vida sem propósito é só uma vida. Afinal, o que podemos deixar para nossos descendentes? Pensamentos como esse começaram a vagar em minha mente e comecei a me ouvir mais.

Depois disso, veio uma "chuva" de ferramentas. Confesso que fiquei muitas vezes perdida; afinal, ainda me considerava incapaz. Foram dias muito intensos, em que passaram por mim turbilhões de pensamentos e emoções! Aqui eu já iniciava a vontade de me conhecer mais e de começar e retomar projetos pessoais e profissionais. Sabia que, na verdade, eu precisava de todo aquele aprendizado para mim, não via a aplicação do Coach como profissão. Ainda estava muito limitada.

Vale ressaltar que, nesses dias de imersão em nós mesmos, somos rodeados por pessoas que buscam o mesmo que a gente; logo, o ambiente é propício e todos "falam sua língua". Agora, na segunda pós-treinamento o "mundo real" volta, né! Ah, esse mundo real! Quantas provocações ele te fornece; sim, você é testado o tempo todo, as pessoas caçoam de você, dizem que só "gastou dinheiro". Seu comportamento e pensamentos são colocados à prova a todo momento, como se você se transformasse em um "semideus" e não pudesse nunca mais ter um pensamento ou atitude negativa. E durante muito tempo me cobrei sobre isso. Não tive empatia por mim mesma, aí o resultado é claro: ansiedade, depressão, TOC, ganho de peso, falta de energia, mas o ego de um dominante é muito alto para admitir tudo isso, e a "bola de neve" começou a ser construída novamente. Sim, estou admitindo que após a conclusão da formação eu caí, só que agora doeu mais, pois eu já não era ignorante sobre mim; eu já conhecia meus valores, talentos e tinha meu propósito definido. Porém, a parte da vulnerabilidade eu não conhecia; e, sim, precisamos também ter conhecimento sobre ela, pois somos humanos e todos a possuímos.

Nesse momento, eu me conhecia superficialmente; ainda me sabotava, porém "fingia" não ver, iniciava projetos que não andavam muito. Estava lá na média, utilizando uns 25% da minha capacidade. Foi quando, em abril de 2019, resolvi fazer a subida do Pico das Agulhas Negras e das Prateleiras. Para vocês entenderem, eu, até então, era sedentária e não tinha ideia do que passaria. Recentemente li um artigo (FERNANDES, 2019) que falava sobre os benefícios de realizar trilhas, *trekking* e/ou escalada. Tais atividades aumentam sua capacidade de concentração e solução de problemas, como afirmam os psicólogos Ruth Ann Atchley e Dr. David L. Strayer.

> [...] pessoas que foram desconectadas da tecnologia (TV, celular, computador etc.) para um período de quatro dias imersos na natureza, foram capazes de aumentar sua capacidade de resolver problemas em 50%. Em outras palavras, aumentaram sua capacidade criativa quase duas vezes. Nos vários estudos realizados, determinou-se também que as pessoas que praticam trekking têm um fluxo sanguíneo mais baixo na área do córtex pré-frontal subgenual, ou seja, a área relacionada a mau humor, sentimentos de tristeza e preocupações. Portanto, esta área do córtex cerebral é desativada quando se pratica a atividade de caminhada na montanha.

Para mim, fisicamente foi esgotante; 12 horas de muito exercício físico, sentia dores extremas. Minhas pernas sequer respondiam aos comandos que lhe eram dados, mas ali é você com você, não há ninguém para te "salvar"; ali não dá para "pegar a chupeta", ali sim você entende o seu tamanho. O quanto a necessidade de ser forte e o instinto de sobrevivência te levam a lugares nunca antes explorados. Nesse momento, a teoria se juntou com a prática/vivência. Ali eu parecia um "orelhão antigo" quebrado, caindo uma ficha atrás da outra. Ao final do primeiro dia, que foi o Pico das Agulhas Negras, eu chorei demais, muito pela dor física e outro tanto pela dor emocional, e, por fim, meu choro era de alívio e gratidão pela experiência. Nessa ocasião, eu ainda não tinha consciência, mas o universo estava me levando para lá; eu precisava estar ali, passar por tudo aquilo.

Após essa experiência, qualquer dificuldade do dia a dia ficou muito pequena. Parece que naquela hora tomei as rédeas da minha vida novamente. Fiz planos concretos, planejamentos, execuções! Olhei para mim com um pouco mais de empatia, porém bem pouco ainda, pois aqui acreditava ainda na imagem de semideus que eu teria de passar para os que estavam em torno de mim.

Em novembro de 2019, iniciei minha formação de Master em Desenvolvimento Humano, também pela EHumanas. Aqui passaram pessoas incríveis, seres humanos cheios de certificações; pós-doutorado para eles é como o Ensino Médio, mas aqui os títulos quase não se fazem presentes, o que vale são as pessoas. E que pessoas lindas e dispostas a te ajudar a se encontrar. Nesse momento falamos muito sobre nossas vulnerabilidades; por favor, não confunda com "vitimismo" ou contentamento, não é isso. Conhecê-las nos ajuda a saber que elas existem sim e está tudo bem; mas mais que isso, elas não me impedem de buscar aquilo que eu quero, não me limitam, mas me tornam forte, pois quando me conheço profundamente (talentos e vulnerabilidades) consigo achar saídas.

Usarei os nomes simplesmente, pois nesse momento cito as pessoas e não os títulos: com a Marina aprendi como é importante respirar e olhar para dentro — afinal, todas as respostas estão lá — e ser gentil consigo mesmo. Esse aprendizado se estendeu à Lysia, que me fez compreender como estamos em um grande ciclo, como é forte nosso poder de pensamento e que está tudo bem; ah, como foi difícil aceitar esse "tudo bem"! Sim, precisamos aceitar algumas coisas com respeito a nós mesmos e entender que sentimentos e comportamentos não favoráveis existem, o que nos diferencia é como lidar com isso, que o Wilson mais que ensina, vivencia. A Inês ensinou como o poder da comunicação é incrível e como o *rapport* pode te levar a níveis de relacionamento nunca alcançados. Nessa formação, meus "pré-conceitos" foram colocados à prova: meditação, constelação e hipnose. Eu achava "coisa de maluco". No final, aprendi que onde a ignorância habita, asas não crescem.

Hoje, ainda em um contínuo aprendizado sobre mim mesma, meus projetos começam a tomar forma. Meus pensamentos começam a se tornar reais. Sejam eles pessoais ou profissionais.

A minha intenção, nestas páginas, é dizer a você que todos os seres humanos, absolutamente todos, têm um grande poder. Acredito que quando crianças temos asas, acreditamos ser capazes de tudo, e ao longo dos anos, vamos nos prendendo a crenças, pensamentos e comportamentos que nos limitam. Hoje penso que o que separa seres humanos medíocres de seres humanos incríveis é o quanto eles se conhecem e pagam o preço. Não falo de riquezas materiais, mas de viver bem, de aproveitar o dia de hoje, de viver guiado pelos valores e propósitos. Com o passar do tempo, você perceberá que cuidando de si, modificando-se, tudo o que está ao seu redor se renova consigo. Afinal, não há como plantar laranjas e colher maçãs.

Termino com a frase de Napoleon Hill: "O que a mente do homem pode conceber e acreditar pode ser alcançado".

Referências

ATCHLEY, Ruth Ann; STRAYER, David L.; ATCHLEY, Paul. *Creativity in the Wild: Improving Creative Reasoning through Immersion in Natural Settings*. Disponível em: <https://www.ncbi.nlm.nih.gov/pmc/articles/PMC3520840/>. Acesso em: 09 abr. de 2021.

FERNANDES, L. Estudo mostra como o ato de subir montanhas muda o cérebro das pessoas. *Blogdescalada*. 2019. Disponível em: <https://blogdescalada.com/estudo-cerebro-montanha/>. Acesso em: jan. de 2020.

19

O SER

Nem todos têm coragem de ser quem são, por diversos fatores. Talvez por sua pequenêz emocional ou falta de criatividade em adversidades e até mesmo por falta de inteligência emocional. Vou provocar você nestas páginas a desenvolver sua inteligência pessoal tornando-se multifacetado, mas com a graça de ser verdadeiro, compreendendo sua essência, permitindo ser focado no que precisa ser ajustado. Você é você, independentemente de cargo, raça ou cor. Mas um ser verdadeiro e feliz.

WEMERSON CASTRO

Wemerson Castro

Treinador PNL, *master coach,* treinador de análise comportamental e treinador de I.E. Tem atuado em diversas áreas corporativas e com modernização de gestão em saúde pública, com experiências diversas em eventos específicos de desenvolvimento humano. *Master coach* com certificação internacional pela Florida Christian University (EUA) e pelo WCC (World Coaching Council), *certified professional & leader coach, master trainer* em análise comportamental, *master practitioner* PNL, administrador hospitalar. Desenvolveu a estrutura e modelagem da utilização da arte nos processos de desenvolvimento humano, como: circo, música, teatro e clown. Acredita que precisa haver leveza no autoconhecimento, desenvolvimento e mudanças com perspectiva de evolução contínua, pessoal e profissional.

Contatos
castcoach.com.br
Instagram: @wemersoncast/@coachclown / @castcoach
34 99145-3352
34 99234-2929

A sociedade exige das pessoas muitas facetas para satisfazer a determinação das leis pregadas pelo mundo da covardia e da insolência, fazendo-nos perder aquilo que é mais importante na vida. A nossa nudez, a verdade verdadeira e não inventada.

Temos um repertório gigante de palavras que rotulam as outras pessoas, mas não temos sequer uma pequena quantidade de vocabulários para expressar nossas emoções e sentimentos. Nos *pré-ocupamos* com coisas, e elas ofuscam nossa autenticidade e não externamos o que é de fato importante.

Uma forma que os amigos usam para ofuscar a realidade é o fato de quererem ajudar os outros, e com isso simulam uma escuta falsa para impor suas ideias, propondo na vida de outros suas opiniões buscadas, de um livro qualquer ou até de gurus do desenvolvimento humano, afundando sua essência, que deveria ser usada para o desenvolvimento real do ser.

A bajulação é um caminho usado por muitos para alcançar vantagens, aproveitando-se da vulnerabilidade alheia e manipulando o que tem de ser dito. Aquele que bajula com certeza vai colher o fruto da pequenez humana, minguando-se a observar apenas as coisas boas do próximo, esquecendo-se da compreensão de quem verdadeiramente é.

Já a imponência é um meio de forçar a dominância daquilo que quer mostrar. Postura de nobreza, comportamento majestoso; e com o tempo, de tanto se impor acaba por demonstrar impotência diante dos desafios que a vida oferece.

Autoescuta

No período hipocrático era utilizada uma prática de ausculta do paciente, colocando o ouvido diretamente no peito, e era um método sofisticado por permitir ouvir um barulho produzido de dentro da pessoa, e trazia muitas respostas com relação à condição de saúde do paciente atendido.

Até que Laënnec, diante de uma jovem obesa e com sinais de doença cardíaca, se vê numa situação constrangedora em realizar a ausculta direta em função do sexo e da idade da paciente. Então, ele se lembrou de um princípio da acústica utilizando de um material sólido que aumentaria a intensidade do som. Ele enrolou algumas folhas de papel, fazendo um cilindro. Aplicou uma das extremidades no tórax da paciente e a outra extremidade em seu ouvido e percebeu que os sons cardíacos eram muito mais claros do que a ausculta direta, tornando-se uma modalidade diferente para auscultar de forma mediada. E, após muitos anos, hoje temos o estetoscópio, que é utilizado pelos profissionais de saúde e facilita o diagnóstico.

Sendo assim, é necessário coragem para que antes de querer escutar alguém você aprenda a escutar o seu interior, e usar da oportunidade para realizar o tratamento da alma necessário. Existe um outro dentro de você que precisa ser ouvido com muita atenção, pois aí dentro existe um outro ponto de vista diferente do seu externo.

A autoescuta vai além de ser superficial, mas deve ser com a intensidade de quem tem um ouvido absoluto para qualquer outro som; musical, por exemplo. Mas é necessário que se escute não só pelos ouvidos, mas pelo tato, pela visão e também pelo sentir. A partir dessa escuta verdadeira, é possível se conhecer profundamente, e provocar mudanças relevantes em sua vida.

Conhecer apenas o rosto não é conhecer a essência. O que você é, é responsabilidade pessoal e necessita de cuidados especiais para melhoria contínua do ser humano.

Proposição

Examine-se, pois, o homem a si mesmo...
1 Coríntios 11:28

A Bíblia, um livro sagrado para os cristãos, usa de sabedoria ímpar para promover a percepção dos nossos atos, e Paulo, no livro citado, orienta examinarmos por dentro e termos ciência do que é preciso fazer no interior do nosso coração e ampliação da nossa mente. Por isso, quero sugerir alguns poucos exercícios para desenvolver a escuta interior e organização mental. Quando você for praticando, seu mundo vai se expandir, e irás ficar deslumbrado com a sua capacidade de fazer mais para si e consequentemente para os outros.

Sons a volta

Feche seus olhos por um tempo em um lugar de preferência arborizado e tranquilo, preste atenção ao maior número de sons que estão a sua volta. Identifique cada um deles como se fossem únicos e aproveite a beleza desses sons, e depois junte-os, permitindo criar uma orquestra perfeita aos seus ouvidos e extrair o melhor do natural.

Música

Quando você fecha os olhos, e coloca uma música para tocar, é possível de forma bem focada perceber a perfeição de cada instrumento tocado, chegando a um estado emotivo e de apreciação da junção instrumental.

Falar

Experimente exercer a fala, em diferentes tons, mudando a velocidade da fala de tempo em tempo. Tente se imaginar usando-as em algum lugar aberto; aproveite sua criatividade para acionar onde achar necessário.

Atenção

Quando estiver falando, preste atenção na sua voz. O som, a altura, a dinâmica, as palavras para desenvolver a atenção do que tem de ser dito e assim a autoescuta se torna consciente.

Silêncio

Agora, sem nenhum barulho de preferência, que tal escutar seu interior? Sinta como bate o seu coração, perceba o sangue correndo pelas veias e fique por um tempo em silêncio somente para entender seus processos internos, sem nenhuma interferência.

Claudio Thebas e Christian Dunker falam no livro *O Palhaço e o Psicanalista* (p. 53) que o silêncio não pode ser confundido com o desinteresse da indiferença ou da reprovação com o silêncio da atenção e do acolhimento. Até mesmo para ouvir outras pessoas nem sempre o silêncio é sinônimo de desinteresse, mas passando por um processo interno de amadurecimento do que está sendo dito de forma a apoiar melhor aquele que está sendo escutado. Eles dizem que o silêncio da escuta é ativo, pulsante, vigilante e repleto de interpolações, daí que é melhor quando não seja percebido.

A ciência também tem ajudado muito acerca de pétalas para o desenvolvimento humano verdadeiro, trazendo luz a alguns pontos considerados importantes para atuar no engajamento do seu propósito de vida e que contribuem para a sua eficácia pessoal e profissional.

Crenças

As crenças são estruturas importantes dentro do comportamento. Se você acredita em algo, seus comportamentos são congruentes com aquilo em que você crê. Se você as coloca em seus devidos lugares, é mais fácil para atingir um objetivo pessoal.

Tipos de crença

- Expectativa do objetivo desejado. Acreditamos no que seja possível alcançar. Se não acredita ser possível a pessoa se sente sem esperança. Sendo assim, se não existe nenhuma expectativa para atingi-lo é igual à desesperança.
- Expectativa de autoeficácia. O objetivo é possível e ainda tem os recursos necessários para atingi-lo. Essa crença é interessante pelo fato de que em qualquer âmbito da vida a pessoa que acredita ter os recursos necessários acaba alcançando sem pestanejar, mesmo sabendo que seja preciso reorganizar esses recursos para usá-los de forma eficaz.
- Muito cuidado com o desamparo, que é quando se acredita que determinado objetivo é possível para outros, mas não pra si próprio.
- Expectativa de reação. Esperamos que algo aconteça positiva ou negativamente, resultado dos nossos comportamentos nas situações diversas. Fala-se do efeito placebo como exemplo de expectativa de reação.
- A pessoa reage positivamente diante de um remédio fisiologicamente inativo. A minha avó aos seus mais de 90 anos sempre reclamava de dor de cabeça e pedia um remédio para que a dor parasse, e quando dávamos apenas água afirmando ser o remédio, era o tempo de terminar a bebida e ela já afirmava não sentir mais a dor. Então, quando damos um placebo a alguém e dizemos que produzirá um efeito específico, geralmente ocorrerá. Os placebos, segundo a indústria farmacêutica, têm uma taxa de êxito superior.

Modelo de mudanças

- Identifique o seu momento atual, verificando tudo o que você tem vivido, do modo como tem experimentado e compare com a forma do estado desejado, reúna informações de recursos que poderão ser utilizados, e observe suas crenças sobre o objetivo.

- Reúna todos os recursos levantados para utilização sem permitir que interferências possam mudar o seu foco, e utilize-se das crenças poderosas para o alcance do tão sonhado objetivo.
- Tenha representação clara de como você vai estar no dia em que alcançar o objetivo, sinta o momento do alcance e viva a vitória que é sua.

As nossas crenças têm poder de nos limitar, ou nos ajudar a alçar voos distantes para aquilo que queremos. É importante ter muita cautela para não sermos surpreendidos com a forma que encaramos essas crenças.

Criatividade

A criatividade tem sido tratada com frequência nesses dias e, com efeito positivo tem se descoberto muitas pessoas criativas. Essas pessoas são criativas por experienciar a alegria e a felicidade em servir aos outros. Sendo assim, elas são estimuladas ao desenvolvimento do artista interior, transformando suas personalidades e todos ao redor. Em conjunto a tudo isso, cria-se um mundo mais flexível e feliz em que sonhamos.

Processos de ação para criatividade:

- Você precisa aguçar seus sentidos para desenvolver melhor sua criatividade e assim se permitir mergulhar de uma vez por todas em seu interior; logo, fixe-se nas coisas, formas e cores nas quais você quase não presta atenção.
- Ler de maneira inovadora conforme a sugestão de John Grinder: Leia usando apenas a visão. Tenho o hábito de nas minhas leituras tentar ouvir a voz de alguém narrando, ou até criar imagens para torna-la criativa, mas agora se torna mais desafiador, usando somente a visão sem pensar e nem ouvir. Experimente!
- Mude o canal da TV para assistir a algo novo, para tomar outras posições perceptuais adotadas por todos que estão envolvidos no programa. Veja os anúncios, aprenda a apreciar a beleza de cada ambiente criado para os personagens.

- Conviver com crianças, brincar e conversar com elas vai ajudá-lo a perceber o quanto são originais e curiosas.
- Faça algo novo todos os dias. Mude os lugares que você passa, visite regiões diferentes, use o garfo com a outra mão, experimente escrever de trás para a frente.
- Seja ativo em grupos de pessoas para usar seus talentos em favor daquela comunidade e assim desenvolver novos hábitos.
- Compartilhe recursos pessoais com outras pessoas e permita que elas possam opinar ou pelo menos ajudá-lo a ajustar detalhes que foram imperceptíveis aos seus olhos.
- Seja flexível, não é possível ser criativo se não treinar. A flexibilidade deve ser um ponto-chave de decisão para a criatividade, e também auxiliar em seus projetos de vida, inclusive para as mudanças interiores que estão por vir e você se sentirá seguro em seus empreendimentos.

Inteligência emocional

Tudo o que precisa ser controlado deve ser reconhecido. Quando surge, de onde e por quê você os sente. A grande questão é que as pessoas deixam de reconhecer seus sentimentos, vindo a sentir na hora exata em que eles surgem. Daí não se preparam para gerenciar o processo antecedendo a qualquer ação, desencadeando problemas sérios nas suas relações.

- Nossas emoções existem para gerar nossos comportamentos, e o que escolhemos fazer e como decidimos nos comportar diante de determinadas emoções. Uma das coisas importantes da inteligência emocional não é o que se sabe sobre determinados assuntos, mas como você se relaciona consigo mesmo e com as pessoas ao seu redor.
- Comporte-se de forma consciente, sem perder o equilíbrio e controle das situações adversas. As emoções vêm em todo o contexto; é necessário reconhecer, e deve haver treinamento para tal, e assim tomar ações responsáveis para não se arrepender futuramente. Excesso de alegria, coragem e amor, quando desmedido e desequilibrado, atrapalham.
- Entenda suas emoções ou se torne vítima delas.
- A repetição cria hábitos e novas possibilidades neurais. São novos caminhos que são construídos nas novas sinapses de redes neurais. Devemos entender que é possível tirarmos resultados positivos de todas as emoções.

- Se soubermos identificar nossas emoções, também saberemos identificar as emoções dos outros. Isso nos ajuda a conviver melhor e termos melhores comportamentos diante dos desafios da vida.

Decisão

Decida quem você quer ser primeiro diante de você e depois diante da sociedade, e se permita viver de modo diferente e de forma engajada para ser quem que você quer ser, exalando a naturalidade e a boa vontade de partilhar as boas novas do autoconhecimento.

Mergulhe em si.

Referências

DILTS, R. *Crenças: caminhos para a saúde e bem-estar*. São Paulo: Summus Editorial, 1993, p. 24-25.

FERRAZ, A. P.; SOARES, B. S.; TERRA, D. A. A.; LOPES, J. A. *A história do estetoscópio e da ausculta*. Disponível em: <https://rmmg.org/artigo/detalhes/154>. Acesso em: 12 dez. de 2020.

GOLFINHO. Testes e exercícios sobre sistemas representacionais VAC. Disponível em: <https://golfinho.com.br/teste-e-exercicios-sobre-sistemas-representacionais-vac.htm>. Acesso em: 12 dez. de 2020.

GONZÁLEZ, L. J. *Ser criativo*: *libere seu artista interior com a PNL*. Cotia: Paulus, 2003, p. 120-121.

20

MUDAR É INEVITÁVEL, DESFRUTAR DA MUDANÇA É UMA ESCOLHA

Você é do tipo que sempre tem tudo programado, faz planos e traça metas bem definidas ou prefere ser totalmente livre, deixando a vida te levar? Seja você uma pessoa viciada em gestão do tempo ou totalmente avessa a uma vida regulada por ferramentas de controle, o ano de 2020 certamente lhe exigiu mudança de planos, sejam eles grandiosos ou não. E como você reagiu e reage às mudanças em sua vida?

WILSON NASCIMENTO

Wilson Nascimento

Master e *executive coach*. Atua no universo corporativo nas áreas de desenvolvimento humano/*coaching* e planejamento estratégico. É Mestre em Arts in Coaching e Doutor em Business Administration PhD pela Florida Christian University – FCU. Recebeu, em 2019, o título de embaixador pela paz da Universal Federation na sede da ONU em Viena. Já ministrou a formação Professional Coach em diversas regiões do Brasil e do Japão. Em 2017, foi palestrante no InterLeadership, em Orlando, falando para executivos da Fenabrave (Federação Nacional de Distribuição de Veículos Automotores). Entre suas publicações, está a sua dissertação sobre cultura *coaching*, além de outros títulos na área comportamental. Possui certificações em Coaching, Programação Neurolinguística e Análise de Perfil Comportamental. É conhecido por seu estilo enérgico, incansável dedicação a seus projetos e desejo de contribuição.

Contatos
wilson@ehumanas.com
Instagram: @prof.wilsonnascimento

Os filósofos mais antigos e também os mais contemporâneos sempre buscaram de alguma forma levar o homem à reflexão sobre a vida, a existência.

Para Heráclito de Éfeso, "Nenhum homem pode banhar-se duas vezes no mesmo rio, pois na segunda vez o rio já não é o mesmo, nem tampouco o homem".

Podemos afirmar que o processo de mudança é uma das poucas certezas que temos na vida. Isso mesmo, muito se acredita que a "A única certeza que temos na vida é a morte". Ledo engano: se olharmos pela ótica da filosofia podemos perceber que a única certeza que temos na vida "é a certeza do processo de mudança", que ocorre com autorização ou não, simplesmente acontece.

Como o rio, que no segundo seguinte já não é o mesmo, é no nosso corpo, em que neste mesmo segundo tantas células morrem e tantas outras nascem, promovendo o nosso processo interior de mudanças.

Mas por que é tão desafiador para o ser humano lidar com o processo de mudança?

Por que várias pessoas só mudam por meio da dor?

Todos temos duas poderosas forças que nos mobilizam para colocar em ação tudo aquilo que queremos:

*A força de fugir de tudo que causa dor
e a força de buscar tudo o que causa prazer.*

Existe uma história (metáfora) que diz:

Viajava por uma estrada um escritor e, em certo ponto do deserto norte-americano, o homem resolve parar o carro num posto de gasolina para abastecê-lo. Vê um velhinho perto da bomba de combustível e ao seu lado um cachorro deitado, que uivava de dor. O homem pede que o velhinho ponha gasolina e fica observando intrigado o cachorro, que não para de gemer.

– O que acontece com esse cão? – perguntou o escritor ao velho. – Por que ele não para de uivar?

– Ah! É porque ele está deitado na tábua.

– Só por isso?

– Bem, é que na tábua há um prego.

– Sei... E por que ele simplesmente não sai de cima do prego?

*– Meu amigo – responde o velhinho – **É porque a dor é suficiente apenas para que ele gema e se lamente. Mas não é suficiente para que ele saia de cima do prego.***

Assim são vários momentos em nossas vidas. Sabemos que está doendo, porém nos acostumamos com essa dor, lamentamos, choramos e muitas vezes até esboçamos uma reação, mas em seguida voltamos a colocar a bunda no prego.

"Somos servos da sociedade e predadores de nossa própria natureza, da nossa essência."

A possibilidade da mudança está na atitude e não na fala. Falar apenas é um hábito que nos mantém em cima do prego. Será que de tanto ouvir a popular frase "Se não vai pelo amor, vai pela dor..." passamos a acreditar que quando tropeçamos merecemos sofrer? E assim, seja qual for o motivo, um novo projeto, um término de relacionamento, seja qual for o caminho, temos de seguir pela trilha do difícil, pesado e sofrido?

Outra grande obra filosófica que nos ensina muito sobre essa dificuldade do ser humano em mudar seus comportamentos e escolher criar novas realidades é o "Mito da Caverna", contado por Platão. Nessa metáfora, o filosofo tenta explicar a condição de ignorância em que vivem os seres humanos e o que será necessário para atingir o verdadeiro mundo real.

Aprisionamo-nos em verdadeiras cavernas e projetamos uma realidade dura e impossível de ser superada por nossas crenças e conhecimentos, muitas vezes achando que sabemos de tudo e nada mais temos a aprender.

A caverna, para Platão, é a junção de nossas emoções e sentimentos, e o nosso corpo é o nosso acervo de conhecimento, mas que muitas vezes nos leva a equívocos e erros, e talvez em nosso modelo de mundo já pode estar consagrado que para se ter uma vida plena é necessário antes sofrer muito e passar por muita dor!

Os ecos e as sombras vistas de dentro da caverna são projeções da realidade, é a forma como vemos e julgamos as coisas, muitas vezes com visões preconceituosas ou opiniões pré-moldadas. É necessário ampliar a percepção sobre as nossas escolhas, só assim é possível sair das cavernas que criamos para uma nova realidade.

Quanto mais essa realidade estiver conectada com a verdadeira essência humana, melhores serão as suas novas tomadas de decisão. É essa conexão que permitirá a fuga da dor constante para um novo momento em que as decisões estarão fundamentadas no prazer em fazer.

Mas a essa altura, talvez você esteja se perguntando: Por que é importante estar preparado para a mudança?

Por que mudar?

Mudar é um verbo que exige ânimo e quebra de paradigmas. Isso porque a maioria das pessoas não aprova mudanças; aliás, faz parte do ser humano ser resistente as mudanças.

Afinal, mudar é ter de sair de uma **zona de conforto**, do piloto automático. Veja a metáfora no início do texto. Para muitas pessoas, a dor que estão passando só gera a simples reação de reclamar; sabem que dói, mas pelo menos essa dor é conhecida.

> *Insanidade é continuar fazendo sempre a mesma coisa e esperar resultados diferentes.* – Albert Einstein.

Mas quem disse que toda zona de conforto é composta de um lugar agradável para se ficar ou onde podemos recarregar as baterias?! Infelizmente, a maioria das pessoas que afirma estar em uma zona de conforto está em um local repleto de dor.

Segundo Aristóteles, as coisas mudam por terem em si um potencial que transforma cada ato de si, até que ato e potência se tornam iguais, expressão da verdade.

Dessa forma, observamos que tudo tem um sentido, e a mudança nada mais é do que a exigência de cumprir o destino de cada coisa.

O professor Mario Sérgio Cortella, em uma palestra, afirma que devemos dar oportunidade ao êxito; afinal, mudar é complicado, porém acomodar é parecer.

A grande desculpa da maioria das pessoas é que o processo de mudança gera medo, e por conta disso não conseguem avançar. É importante destacar que o medo nos coloca em um estado de alerta e prontidão, caso algo saia do controle.

Uma palestrante ao subir em um palco, um músico ao dar os seus primeiros acordes ou um jogador ao iniciar uma partida sentem medo. Porém, esse estado de alerta não os paralisa, ele simplesmente faz com que cada uma dessas pessoas que treinaram muitas horas e praticaram por diversas vezes busquem, momentos antes de "entrar em ação", visualizar quais serão seus próximos passos.

Isso não extingue o medo, mas é totalmente diferente de entrar em pânico e congelar diante de uma ação; o pânico, sim, pode se tornar um grande desafio para aceitar um processo de mudança. Muitas pessoas que passam por traumas acabam por desenvolver algum um tipo de fobia ou até mesmo síndromes mais sérias.

A pandemia tem aumentado o número de pessoas que desenvolveram síndrome do pânico, por conta da incerteza que estamos vivendo. "Tenho medo de precisar ser internado e não haver leito disponível para mim"; relatos como este ao longo da pandemia geraram em muitas pessoas pânico e também outras síndromes.

> *Há um tempo em que é preciso abandonar as roupas usadas, que já têm a forma do nosso corpo, e esquecer os nossos caminhos, que levam sempre aos mesmos lugares. É tempo da travessia: e, se não ousarmos fazê-la, teremos ficado, para sempre, à margem de nós mesmos.* – Fernando Teixeira de Andrade

Mudar permite que você descubra novas possibilidades, novas formas de fazer algo que sempre fez igual, novos caminhos, novas pessoas. A mudança pode lhe possibilitar perceber que você já não era feliz, vivia apenas uma rotina já conhecida e domesticada, sem grandes medos e descontentamento, mas também sem alegrias e desafios.

O autoconhecimento pode ajudar no processo de mudança?

> *Aqueles que sabem tudo, mas desconhecem a si próprios, são absolutamente carentes.* – Jesus de Nazaré.

O autoconhecimento promove uma mudança que vem de dentro para fora e, consequentemente, as relações interpessoais também serão beneficiadas e as decisões serão mais sinceras consigo mesmo.

Essa é uma famosa frase localizada na entrada do templo de Delfos, construído em homenagem a Apolo, o deus grego do Sol, da beleza e da harmonia:

Conhece-te a ti mesmo

A frase foi atribuída a Sócrates. Não há comprovação, mas provavelmente foi atribuída a ele por se tratar de um dos defensores do autoconhecimento. Para Sócrates, só por meio do autoconhecimento, da sabedoria e da prática do bem seríamos homens virtuosos.

É fundamental conhecermos a nós próprios, nossas forças e nossas fraquezas; afinal, só assim seremos honestos conosco e com os outros. O autoconhecimento nos mostra em que momento devemos pedir ajuda, em qual momento devemos ser honestos e dizer: "Isso eu não sei fazer. Você poderia me ajudar?".

Esse autoconhecimento não acontece em um estralar de dedos. Não é participando de um fim de semana de treinamento, gritando ou chorando que o autoconhecimento vai emergir e aparecer como um passe de mágica. Essa busca pelo autoconhecimento acontece todos os dias, tendo como objetivo conhecer nossos sentimentos, pensamentos, padrões, mecanismos de autodefesa ou de sabotagem e fazendo uma comparação diária do nosso **Eu de hoje** com o **Eu de Ontem**, e assim vamos nos fortalecendo em nossas ações.

Lembre-se: somos nosso maior inimigo, sem dúvida.

Por isso, devemos investir em nosso autoconhecimento e assim desarmar as armadilhas que preparamos para nós mesmos, dia após dia. Pense em quantas situações nos colocamos sabendo que estamos errados e que se alguém descobrir vamos pagar um preço altíssimo.

Desenvolva seu autoconhecimento:

1. Questione-se.
2. Aprenda a dizer não.
3. Explore novas coisas e experiências.

Questionar

Sim, questione sobre as suas atitudes. Faça um *checklist* dos principais papéis que desempenha atualmente, como:

Seu papel como pai/mãe: "O quanto eu evoluí nos últimos anos em minha relação pai/mãe e filho, o quanto busquei acompanhar as mudanças da geração dos meus filhos. Hoje eu sou um grande pai? Uma grande mãe? Meu filho me vê como um modelo a seguir?"

Questione sua vida neste momento. Onde você está? Faça uma retrospectiva dos últimos anos da sua vida, o quanto você avançou rumo a tudo o que você desejou e/ou prometeu. Defina um marco zero, que pode ser o ano em que você concluiu a graduação, por exemplo, e analise:

Marco 0_____2020_____2030

Olhando para a sua linha do tempo, responda:

Quais foram as minhas últimas conquistas?
O que eu desejo para os próximos 10 anos?

Lembre-se: questionar é um exercício de análise e compreensão de suas escolhas. Julgá-las dificilmente irá trazer motivação para novas conquistas. Então, seja gentil consigo mesmo e use as falhas do passado como aprendizado e preparo para experiências futuras.

Dizer não

O "não" é libertador; ele nos liberta do ciclo vicioso de abandonar as nossas prioridades em prol dos outros.

É necessário muito autoconhecimento para compreender as nossas emoções e, assim, não nos deixar ser contaminados pelas dores alheias; há um momento em que é necessário dar um basta.

Quando evoluímos ao ponto de dizer "não" para um amigo ou um parente bem próximo e não sentir nenhum tipo de remorso ou dor é o sinal de que estamos evoluindo em nosso autoconhecimento. Não estou lhe dizendo que não devemos ajudar as pessoas. Estou dizendo que devemos nos conhecer muito bem, para evitar os abusos causados pelas pessoas próximas a nós.

Ser empático com o outro é importante, faz-nos crescer e nos ensina a viver de forma coletiva e saudável, pois a empatia nos permite conhecer e compreender contextos diferentes, promovendo nossas relações interpessoais. Dizer "não" não o transformará em uma pessoa menos empática. Dizer "não" também pode ser um exercício de empatia, em que você dá espaço para o crescimento do outro e respeita a si mesmo e seus limites.

Explorar novas experiências

Buscar fazer coisas diferentes é uma grande demonstração de que estamos abertos ao processo de mudança. É utilizar os talentos em busca de novas possibilidades.

> *Viver é experimentar incertezas, riscos*
> *e se expor emocionalmente.* – Brené Brown.

Não podemos ser reféns da certeza; afinal, quantas certezas temos na vida?

Como compartilhei no início deste texto, muitas pessoas respondem que a morte é a única certeza da vida. Eu sempre questiono essa resposta, pois na minha visão de mundo a única certeza que temos na vida é a da mudança, pois até a morte é uma mudança. Se olharmos pelo espectro religioso, há muitas definições para se explicar o processo de mudança ocasionado pela morte.

As mudanças vão acontecer. Não adianta resistir às mudanças que ocorrem em nosso corpo ao longo da vida. Algumas pessoas têm um péssimo hábito de se justificar dizendo que "de repente" elas ficaram mais gordas ou que "de repente" seus relacionamentos acabaram. Isso não é verdade, o que de fato ocorreu, talvez de forma lenta e silenciosa, foi um processo de mudança.

Portanto, mais uma vez reforço que o processo de explorar novas ideias nos força a sair da zona de conforto e nos proporciona a oportunidade de viver novas experiências.

Mudanças acontecem o tempo todo em nossas vidas. Não há como paralisá-las, porém o importante é compreender que por mais que nosso corpo mude, por mais que nossa voz mude de timbre, por mais que nossos cabelos fiquem brancos, devemos viver conectados à nossa verdadeira essência. Quando você estiver conectado à sua essência, você conseguirá compreender e tirar o melhor proveito das mudanças que inevitavelmente acontecerão ao seu redor.

Estar conectado à própria essência nos torna capazes de compreender, inspirar e mobilizar pessoas rumo aos seus objetivos. Podemos usar nossa essência com sabedoria e, assim, lapidar os talentos com os quais cruzarmos ao longo da nossa jornada, até mesmo auxiliando as pessoas a lidarem com seus processos de mudança. Estamos vivendo um momento de mudança brusca e aprendendo a viver em meio a uma pandemia, e o que observamos são pessoas e empresas se reinventando. O que essa mudança pede, no contexto corporativo, são líderes que possuam mais sensibilidade e humanização.

O mundo corporativo vive momentos desafiadores, pessoas que insistiam em seus antigos modelos de gestão e liderança e resistiam ao uso de tecnologias foram "obrigadas" da noite para o dia a criarem formas de implementar mudanças, que já se arrastavam por vários anos, pois não acreditavam que isso os impactaria em algum momento.

Quanto mais autoconhecimento esse líder possuir, melhor é a relação dele com seus liderados, mesmo que a distância. O sentimento de pertencimento do colaborador em home office reforça o excelente papel desse gestor, que tem a mente aberta para implementação de mudanças.

Por fim, permitir-se a novas experiências é fazer a vida valer a pena. Todos nós possuímos um talento único e extraordinário, e uma das formas de nos conectarmos a ele é explorando novas possibilidades, novas oportunidades.

Não fique preso a pensamentos que te paralisam, como na "síndrome de Gabriela": "Eu nasci assim. Eu cresci assim e vou ser sempre assim." Isso não é uma verdade.

A verdade é que quando nos permitimos, quando acreditamos em nossa força interior, conseguimos explorar as oportunidades que a vida nos oferece, e se ela não nos oferece, criamos as nossas próprias oportunidades.

Você já ouviu aquela famosa frase "Enquanto uns choram, outros ganham dinheiro vendendo lenços". Então, de qual lado você está neste momento?

O melhor momento na vida é o agora; afinal, podemos fazer um novo fim desde que a partir de agora passemos a acreditar na força interior, entender que a nossa essência é o verdadeiro guia. Quanto mais autoconhecimento adquirimos, mais aprendemos a olhar para dentro, a silenciar nossa mente tagarela e potencializar nossas forças em prol das mudanças que a vida nos oferece. Mario Sérgio Cortella nos ensina que "A vida é muito curta para ser pequena".

Não se apequene, dentro de cada um de nós existe uma força extraordinária!

Referências

BROWN, B. *A coragem de ser imperfeito*. Rio de Janeiro: Sextante, 2013.

CORTELLA, M. S. *Qual é a tua obra? Inquietações propositivas sobre gestão, liderança e ética*. Rio de Janeiro: Editora Vozes, 2007.